AF602638

UNIVERSITÉ DE PARIS — FACULTÉ DE DROIT

LE RÉGIME FINANCIER DE L'ALGÉRIE

THÈSE

POUR LE DOCTORAT ÈS SCIENCES POLITIQUES ET ÉCONOMIQUES

L'acte public sur le sujet ci-dessus
sera soutenu le mardi 1er mai 1900, à 1 heure

PAR

JOSEPH BOUDOT

RÉDACTEUR AU MINISTÈRE DES FINANCES

Président du Jury : M. ESTOUBLON, professeur
Suffragants : M. LEVEILLÉ, professeur
M. CHÉNON, professeur adjoint

NANCY
IMPRIMERIE BERGER-LEVRAULT ET Cie
18, RUE DES GLACIS, 18

1900

UNIVERSITÉ DE PARIS — FACULTÉ DE DROIT

LE RÉGIME FINANCIER DE L'ALGÉRIE

THÈSE

POUR LE DOCTORAT ÈS SCIENCES POLITIQUES ET ÉCONOMIQUES

L'acte public sur le sujet ci-dessus
sera soutenu le mardi 1er mai 1900, à 1 heure

PAR

JOSEPH BOUDOT

RÉDACTEUR AU MINISTÈRE DES FINANCES

Président du Jury : M. ESTOUBLON, professeur
Suffragants : M. LEVEILLÉ, professeur
M. CHÉNON, professeur adjoint

NANCY
IMPRIMERIE BERGER-LEVRAULT ET Cie
18, RUE DES GLACIS, 18

1900

La Faculté n'entend donner aucune approbation ni improbation aux opinions émises dans les thèses ; ces opinions doivent être considérées comme propres à leurs auteurs.

A LA MÉMOIRE DE MA MÈRE

A MON PÈRE

BIBLIOGRAPHIE

Bugeaud (Le général), gouverneur général de l'Algérie. — *L'Algérie. Des moyens de conserver et d'utiliser cette conquête* (1842).

De Ménerville. — *Dictionnaire de législation algérienne.* 1re édit., 2e édit. et 3e édit. (3 vol. in-4, 1877).

Santayra. — *Législation de l'Algérie* (2 vol., 1883).

Estoublon et Lefébure. — *Code de l'Algérie annoté* (1 vol. in-4, 1896, et suppléments).

Paul Leroy-Beaulieu. — *De la Colonisation chez les peuples modernes* (1 vol. in-8, 4e édit., 1891).

Idem. — *L'Algérie et la Tunisie* (1 vol. in-8, 2e édit., 1897).

Maurice Wahl. — *L'Algérie* (1 vol. in-12, 3e édit., 1897).

Louis Vignon. — *La France en Algérie* (1 vol. in-8).

Henri Pensa. — *L'Algérie. Voyage de la délégation de la commission sénatoriale d'études des questions algériennes* (1 vol. in-8. 1894).

Dessoliers. — *De l'Assimilation fiscale de l'Algérie* (1895).

Bulletin officiel des actes du gouvernement général (La collection du).

Bulletin de statistique et législation comparée, publié par le ministère des finances (La collection du).

Exposé annuel de la situation générale de l'Algérie et procès-verbaux des délégations du Conseil supérieur (La collection de l').

Comptes rendus des séances des Délégations financières (sessions de 1898 et 1899).

Rapports sur le budget de l'Algérie, déposés à la Chambre, au nom de la Commission du budget, notamment :

Rapport Burdeau, 1892.

Rapport Jonnart, 1893.

Rapport Chaudey, 1897.
Rapports Le Moigne, 1899 et 1900.
Rapports sur le budget de l'Algérie, déposés au Sénat, au nom de la Commission des finances, notamment :
Rapport Labiche, 1896.
Rapport Clamageran sur le régime fiscal de l'Algérie, 1892.
Rapport Jules Ferry sur l'organisation du gouvernement général, 1892.

Journal officiel. Collection des « Débats parlementaires », notamment : Discussion des interpellations sur l'Algérie (mai 1899).

LE

RÉGIME FINANCIER
DE L'ALGÉRIE

INTRODUCTION

Toute entreprise de colonisation est une œuvre de longue haleine, exigeant presque toujours des sacrifices considérables de la part de la nation qui s'engage dans cette voie; les frais d'établissement sont généralement très élevés et se continuent souvent pendant nombre d'années. Un jour vient cependant où la métropole peut rentrer dans ses frais, jour plus ou moins proche, suivant que le territoire colonisé présentait des ressources plus ou moins considérables, suivant aussi que l'affaire a été plus ou moins bien conduite. Car la première vertu colonisatrice est l'esprit de suite, la longue persévérance, et une nation sera assurée du succès si elle a su comprendre, dès les débuts de son entreprise, qu'elle faisait un placement à intérêt lointain.

La tâche de l'administration est immense dans les colonies nouvelles; il ne faut pas cependant l'exagérer ni entraver la liberté des colons qui est une des conditions essentielles de la prospérité. L'État, pour important que soit son rôle, ne peut prétendre à l'universalité, et il agira sagement en laissant sa part à l'initiative privée, une part aussi aux autorités municipales et provinciales, dès qu'elles se seront constituées. Il gardera pour lui la direction générale, évitant les changements trop fréquents (inévitables cependant au début) dans l'organisation, la méthode et les plans. Il se chargera des services d'un intérêt collectif, fera face aux dépenses de premier établissement, et, disposant seul de capitaux, fournira, sous forme de grands travaux publics, le plus souvent, l'outillage nécessaire à la mise en valeur de la colonie. Les colons devront être naturellement consultés sur ces dépenses, dont il est difficile d'apprécier de loin l'utilité et l'opportunité. Enfin, les dépenses conservatoires tomberont aussi à la charge du Trésor.

Pour diminuer le poids de ses dépenses, l'importance de ses sacrifices, la métropole songe naturellement, dès que la chose est possible, à imposer sa colonie. Rien n'est plus délicat que cette question de taxation : il faut agir avec prudence et une sage lenteur, trop de hâte pouvant tout compliquer ; le corps colonial est si faible dans son enfance qu'un impôt mal établi peut arrêter pour toujours ou compromettre pour longtemps l'essor de la colonisation.

Tous les impôts, au reste, ne sont pas également applicables dans une colonie nouvelle. L'octroi de mer semble un des meilleurs à cause de son impersonnalité ; il est très facile à percevoir et a l'avantage d'éviter aux colons des dérangements et des lenteurs funestes. L'impôt foncier, auquel on songe tout d'abord, est une ressource dont il faut user avec une extrême réserve ; s'il est mal établi ou si le tarif est exagéré, il en résulte un arrêt dans le défrichement. Le colon a généralement employé la totalité de ses ressources à l'achat de ses terres et de ses instruments de culture; il est cruel de lui enlever les premiers fruits, généralement assez faibles, de son travail; souvent on l'empêche ainsi de compléter son outillage et l'on nuit à la culture en amoindrissant la matière imposable. Les droits d'enregistrement ne sauraient être également trop modérés pour n'entraver en rien la facilité des transactions; il est parfois très utile, en effet, que les terres changent souvent de main, car s'il est des colons habiles à défricher le sol, il en est d'autres qui n'aiment et ne s'entendent à prendre les terres qu'après ce premier travail de préparation et qui savent alors admirablement les améliorer. Mais la ressource la plus naturelle à une colonie, pour modérée qu'elle soit, c'est la vente des terres domaniales.

L'établissement d'un régime douanier bien compris est aussi, pour une jeune colonie, d'une très grande importance: il le faut libéral, ne contenant ni taxes vexatoires, ni droits prohibitifs. Enfin, une autre face de l'étude des conditions financières nécessaires au développement d'une colonie est celle du loyer des capitaux; les régions nouvelles ne sont susceptibles de prospérer, en effet, que si les colons peuvent se procurer les capitaux indispensables pour la mise en valeur de leurs richesses. Or, l'argent est naturellement plus cher dans un pays neuf que dans un pays vieux; mais ce n'est pas la seule infériorité des colonies; elle consiste encore en ce que la branche d'industrie, qui a pour objet de recueillir les capitaux momentanément oisifs pour les placer dans des mains productives, y est beaucoup moins développée que dans la mère-patrie. C'est au Gouvernement de faire les réformes et de créer les institutions nécessaires.

D'une façon générale, on peut dire que tout ce qui peut donner à la propriété des garanties solides est indispensable aux colonies nouvelles, car si la propriété n'y est pas parfaitement à l'abri de toute contestation injuste, le défrichement ne fera aucun progrès. Le seul moyen d'arriver à cette sécurité complète, c'est d'organiser parfaitement les services de l'enregistrement et des hypothèques.

Lorsqu'une colonie sagement administrée est enfin entrée dans une ère de prospérité, avec des ressources qui s'accroissent chaque année, la métropole est tentée de diminuer ses subventions, de les supprimer même, pour ensuite chercher dans des taxations nouvelles la compensation de ses longs sacrifices. On ne saurait choisir de plus mauvais moment pour restreindre les dépenses publiques ou même en arrêter l'accroissement, car la fortune de la mère-patrie est intimement liée à la prospérité de ses colonies. « Ce n'est pas, en effet, dit M. Leroy-Beaulieu [1], sous la forme d'excédent de revenu versé au Trésor qu'une colonie rend à la métropole ce qu'elle lui a coûté ; c'est par l'activité qu'elle donne au commerce et à l'industrie de la mère-patrie, par les profits et les salaires qu'elle fournit aux fabricants et aux ouvriers métropolitains, par les produits nouveaux, meilleurs ou moins chers, qu'elle offre aux consommateurs de la métropole ; par le champ d'emploi qu'elle ouvre aux capitaux et aux citoyens, par la propagation de la langue et des mœurs de la mère-patrie, par l'élargissement de l'horizon intellectuel de la nation. »

1. P. Leroy-Beaulieu, *La Colonisation chez les peuples modernes.*

CHAPITRE PREMIER

HISTORIQUE DE LA LÉGISLATION FINANCIÈRE ALGÉRIENNE

Il était difficile au lendemain de la prise d'Alger, en présence d'un ennemi toujours menaçant, d'improviser dans nos nouvelles possessions une organisation financière complète. Il fallait d'abord faire face à des nécessités plus pressantes, consolider partout notre influence, avant de songer à imposer au peuple vaincu, si loin de nos mœurs et de notre civilisation, nos lois et nos usages.

Nous ne trouvions, d'autre part, aucune uniformité, aucune règle précise dans les moyens employés par le Dey pour percevoir les revenus et faire face aux dépenses de son gouvernement.

Dans ces conditions, une certaine confusion devait inévitablement régner dans les débuts; aussi, la législation budgétaire algérienne, avant d'arriver à sa forme actuelle, qui n'a rien encore de définitif, a subi des phases bien diverses. Le budget métropolitain, injustement chargé au début de certains services essentiellement locaux qui ne lui incombaient nullement, s'en est dégagé peu à peu. Alors que le Trésor prenait d'abord à sa charge toutes les dépenses non qualifiées municipales, nous le verrons se décharger successivement, au fur et à mesure que le lui permettront les progrès de l'organisation administrative, des services coloniaux, puis des services qualifiés services locaux et services municipaux, ces mêmes services locaux devant devenir par la suite des services provinciaux et se diviser enfin en services départementaux.

De même, le système d'impôts n'a pu être régularisé que peu à peu. Dans l'intérêt de l'avenir, on a dû se montrer d'abord modéré dans les taxes, parce qu'il fallait créer la fortune particulière avant de lui demander de fournir une part à l'acquittement des dépenses publiques. Les impôts ont été pour la plupart établis graduellement, souvent modifiés d'après les conseils de l'expérience; ils se sont naturellement accrus en même temps que progressaient les dépenses, ce qui permettait au général Bugeaud de dire en 1842 : « C'est un système large qui ménage avec soin la colonie naissante pour qu'elle arrive plus vite et plus sûrement à la virilité et à la force[1]. »

La comptabilité enfin a subi une évolution identique. Forcément obscure et incomplète dans les premiers temps, elle a fini par être soumise, elle aussi, à des règles stables et précises.

SECTION I

Période d'organisation (1830-1839).

L'un des premiers actes du général commandant en chef fut, au lendemain de la capitulation d'Alger, l'institution, sous son autorité, d'une commission de gouvernement[2] qui prit bientôt le titre de comité de gouvernement[3]. Les attributions de ce comité ne tardèrent pas à

1. *L'Algérie; des moyens de conserver et d'utiliser cette conquête*, par le général BUGEAUD, gouverneur général de l'Algérie. 1842.
2. Arrêté du gouverneur, 6 juillet 1830.
3. Arrêté du gouverneur, 16 octobre 1830.

être définies : il fut divisé en trois sections dont une pour les finances. Déjà, sous son influence, une certaine démarcation s'était établie entre les dépenses civiles et les dépenses militaires, lorsque, en 1831, ce comité cessa de fonctionner.

Une ordonnance royale[1] venait d'instituer, en effet, une intendance civile, séparée du commandant militaire, placée sous les ordres immédiats du ministre de la guerre, subordonnée également aux autres ministres, et comprenant, au nombre de ses attributions, la direction et la surveillance de tous les services financiers tant en deniers qu'en matières. C'était l'affirmation, en Algérie, de la prépondérance financière du ministre de la guerre, et nous verrons cette prépondérance subsister jusqu'en 1871.

Le résultat de ces modifications successives, de ces tâtonnements, fut que la plus grande confusion ne cessa de régner dans l'assiette des impôts dont les tarifs et modes de perception variaient d'une localité à l'autre, les mêmes anomalies se retrouvant du reste dans l'affectation des revenus, l'imputation des dépenses et la comptabilité publique tout entière.

Avec 1834, un peu plus de régularité s'établit : une ordonnance royale institue en juillet un gouverneur général des possessions françaises dans le nord de l'Afrique et conserve l'intendant civil en lui enlevant toutefois la direction des finances, mais sans bien spécifier les attributions de ces hauts fonctionnaires. Un arrêté ministériel du 1er septembre 1834 vient suppléer à cet oubli, il est bientôt modifié et complété lui-même par un second arrêté ministériel du 2 août 1836, qui institue cette fois un

1. Ordonnance royale, 1er décembre 1831.

directeur des finances avec des attributions bien déterminées et en fait véritablement le grand maître de la comptabilité algérienne.

Le gouverneur général[1] arrête chaque année, pour être soumis au ministre de la guerre, les budgets des recettes et dépenses de son gouvernement et les grands travaux à exécuter, puis il pourvoit à l'exécution du budget arrêté par le ministre. Il approuve et rend exécutoires les budgets des recettes et des dépenses municipales et les projets de travaux de toute nature à la charge des communes. Il arrête chaque année et transmet au ministre les comptes généraux des recettes et des dépenses ordonnancées sur les fonds de l'État; il arrête de même et transmet au ministre les comptes annuels des communes.

L'intendant civil[2] a l'ordonnancement de toutes les dépenses publiques autres que celles qui s'appliquent à la solde de l'armée de terre et de mer et aux services d'administration militaires et maritimes. Il sous-délègue au directeur des finances les crédits affectés aux dépenses des services placés sous sa direction. Il correspond pour les objets relatifs à cette comptabilité avec le ministre de la guerre.

Le directeur des finances[3] dirige et surveille, sous les ordres du gouverneur général, toutes les branches du revenu public; il est chargé de toutes les opérations relatives à l'assiette et au recouvrement des contributions (les rôles étant rendus exécutoires par l'intendant civil). Il a le droit de vérifier toutes les caisses publiques sans exception, ainsi que les caisses municipales et celles des

1. Arrêté ministériel du 2 août 1836, art. 5 et suiv.
2. Arrêté ministériel du 2 août 1836, art. 31.
3. Arrêté ministériel du 2 août 1836, art. 38 et suiv.

établissements publics et de bienfaisance. Il veille à ce que tous les produits et toutes les dépenses soient centralisés dans les écritures du trésorier-payeur chargé d'en rendre compte et d'en justifier au ministre des finances et à la Cour des comptes; il assure en un mot l'observation de toutes les règles établies et de toutes les formes prescrites par la comptabilité publique.

Le même arrêté ministériel avait institué enfin près du gouverneur général un conseil d'administration chargé de délibérer: sur les projets de budgets ou de travaux à soumettre au gouverneur général ou au ministre; sur l'approbation des budgets des recettes et des dépenses municipales et les projets de travaux à la charge des communes; sur le règlement des tarifs en matière de douanes, d'octroi, etc.

Cette première organisation ne produisit pas tous les fruits qu'on était en droit d'en espérer, et la création à la même date [1], dans les villes principales et, un peu plus tard [2], dans les communes rurales, de corps municipaux placés sous la direction de l'intendant civil, n'est pas étrangère à ce résultat. Les nouveaux impôts municipaux que l'on avait établis par analogie avec ce qui se pratiquait en France n'avaient presque nulle part, en effet, un caractère local et ils portaient autant sur la population des campagnes que sur celle des villes, qui seules cependant étaient appelées à en profiter. On n'était pas arrivé davantage à répartir avec équité les ressources communales; leur insuffisance se manifestait partout et il devint bientôt impossible de pourvoir aux dépenses

1. Arrêté ministériel du 1er septembre 1834.
2. Arrêté du Gouverneur, 23 avril-8 mai 1835.

qui, par leur nature, n'étaient pas susceptibles de rester à la charge de l'État.

On chercha naturellement un remède à ces inconvénients et l'administration municipale, comme celle des finances, durent subir de nouvelles modifications. Dès 1836[1], l'autorité municipale est conférée aux intendants et sous-intendants civils, les fonctions de maire étant restreintes à celles d'officier de l'état civil. Les dépenses de la commune sont mises à la charge de l'État, et l'organisation communale de 1834 abrogée implicitement.

A la même époque, l'intendance civile reprend la direction des finances; elle est remplacée en 1838 par la direction de l'intérieur, et ses attributions sont encore réduites, mais on conserve le directeur des finances.

SECTION II

Budget général des services coloniaux (1839-1845).

« Il était urgent, dit Ménerville[2], de soumettre la comptabilité à un régime uniforme et de pourvoir d'une manière équitable aux besoins de la colonie. »

L'ordonnance du 21 août 1839 fut rendue dans ce double but; elle a doté la colonie d'un budget local appelé budget général des services coloniaux. La distinction qu'elle établit entre les dépenses à la charge de la colonie et les dépenses à la charge du Trésor est visiblement inspirée par l'esprit de nos institutions financières départementales. Toutefois, il existe cette différence essentielle que l'ordonnance, considérant l'Algérie

1. Arrêté ministériel du 2 août 1836.
2. DE MÉNERVILLE, *Dictionnaire de l'Algérie.*

comme un seul corps, supprime les municipalités et met à la fois à la charge de la colonie les dépenses ayant un caractère municipal ou départemental.

L'ordonnance dit ensuite dans son article 4 : « Les revenus de l'État et les autres qui seraient créés à l'avenir, au profit du Trésor, seront compris dans le budget général des voies et moyens, sous le titre : « Produits et revenus de l'Algérie. »

Quant aux produits coloniaux dont il est question plus loin, on peut dire qu'ils comprennent en fait tous les impôts analogues à ceux qui, en France, seraient perçus au profit des communes et des départements. Mais, comme l'impôt foncier n'existe pas en Algérie, la ressource des centimes additionnels manque au budget colonial ; il est vrai qu'en revanche il jouit en entier du produit important de l'impôt arabe.

Ce premier essai financier ne porte aucune trace d'organisation provinciale. Les recettes forment un fonds commun sans distinction d'origine ; le budget des dépenses, délibéré à Alger en conseil d'administration et soumis à l'approbation du ministre, se divise en autant de sections qu'il y a de localités ; enfin, un fonds de réserve, dont le montant est arbitrairement fixé par le ministre, reste à sa disposition pour parer aux besoins extraordinaires et à l'insuffisance des crédits alloués.

Ce qui caractérise plus particulièrement l'ordonnance de 1839, c'est qu'elle constitue un véritable traité de comptabilité. Désormais, les recettes de toute nature au profit du Trésor ou de la colonie, les dépenses de l'un et l'autre services ne pourront être effectuées qu'en vertu d'un titre légalement établi et par des comptables régulièrement institués, cautionnés, placés sous la surveillance du directeur des finances[1], et soumis au contrôle de la Cour des comptes. Dans les paragraphes suivants, l'ordonnance s'occupe de la durée des exercices, des crédits, de la liquidation des dépenses et de l'ordonnancement ; elle réussit ainsi à établir un ordre satisfaisant dans la comptabilité, dont le service, centralisé d'abord entre les mains d'un seul trésorier-payeur, est, à partir du 1er janvier 1844[2], confié à trois trésoriers-payeurs aux résidences d'Alger, Oran et Constantine.

Tel a été le régime financier de l'Algérie jusqu'en 1845. Le budget des services coloniaux de cette même année, établi pour la dernière fois sur les bases posées par l'ordonnance du 21 août 1839, s'est soldé par un excédent de recettes de 2,500,000 fr., les dépenses s'étant élevées à environ 12,500,000 fr.

SECTION III

Budget local et municipal (1845-1858).

La loi du 4 août 1844, portant fixation du budget des dépenses de l'exercice 1845, disait à son article 5 : « A partir du 1er janvier 1846, toutes les recettes et dépenses de l'Algérie, autres que celles qui ont un caractère local et municipal, seront rattachées au budget de l'État. Les recettes et dépenses locales et municipales seront réglées par une ordonnance royale. » C'était l'annonce d'une

1. Ordonnance du 21 août 1839, art. 16.

2. Ordonnances des 16 décembre 1843-13 mars 1844. (A partir du 20 octobre 1834, les actes du Gouvernement portent deux dates ; la première est celle du jour où ils ont été signés, la deuxième celle du jour de la promulgation à Alger.)

transformation complète du régime financier de l'Algérie.

Cette transformation a été réalisée par l'ordonnance des 17 janvier-14 mai 1845, qui, complétée par celle du 2 janvier 1846 sur la comptabilité, marque un véritable progrès dans la voie de la régularité, établit une distinction entre les dépenses à la charge du Trésor et celles à la charge de la colonie. La nomenclature de ces dernières, qui se divisent en dépenses ordinaires et dépenses extraordinaires, rentre assez bien dans les limites des dépenses qui incombent aux départements, et le nom de « budget local et municipal », substitué à celui de « budget colonial », indique assez que le défaut seul d'institutions communales[1] rattache encore au budget de la colonie des budgets qui en seront un jour détachés au profit des communes.

L'ordonnance de 1845 est le point de départ de la décentralisation financière : elle tient compte, pour partie au moins, dans la répartition des crédits applicables aux services des trois provinces, de l'origine des revenus. Il est stipulé, en effet, à l'article 20 : « Les fonds réalisés dans chaque province sont consacrés aux dépenses de la province sous la déduction de 25 p. 100 employés : 15 p. 100 sur la proposition du Conseil supérieur d'administration aux dépenses d'une utilité commune à toutes les provinces; 10 p. 100 à titre de réserve pour dépenses imprévues

1. L'ordonnance municipale ne tarda pas du reste à être modifiée : En vertu de l'ordonnance royale des 28 septembre-23 octobre 1847, les nominations aux diverses fonctions municipales sont confiées à l'élection, la propriété communale constituée, les attributions des maires complétées et affermies. Les conseils municipaux ont désormais une action sérieuse et importante et l'organisation municipale tend chaque jour à une assimilation complète avec celle de la métropole.

locales et municipales. » Il existe ainsi un fonds particulier dont le ministre se réserve la disposition[1]. Il con-

1. Ordonnance des 8-23 octobre 1846 (B. 238) portant fixation du budget local et municipal (exercice 1846) :

Vu l'article 5 de la loi du 4 août 1844 et nos ordonnances des 17 janvier 1845 et 2 janvier 1846..... :

Art. 1er. — Le budget local et municipal de l'Algérie, pour l'exercice 1846, est fixé, en recettes et en dépenses, à la somme de 4,612,000 fr., conformément aux tableaux A, B, C ci-annexés.

Art. 2. — Les recettes affectées aux dépenses spéciales à chaque province, dans la proportion de 75 p. 100 des produits à réaliser, sont réparties entre chacune d'elles sous le titre de « fonds provincial » de la manière suivante :

Province d'Alger	1,689,000 fr.
— d'Oran.	756,750
— de Constantine.	1,013,250
	3,459,000 fr.

Art. 3. — Le fonds général de 15 p. 100, destiné à pourvoir aux dépenses communes sans distinction de province, est fixé à 691,800 fr.

Art. 4. — Le fonds de réserve et de prévoyance de 10 p. 100 est arrêté à. . . . . 461,200 fr.

Toutefois, pour parer à l'insuffisance des ressources provinciales qui n'atteignent pas le chiffre des dépenses autorisées par l'article ci-après, il sera prélevé par exception sur ce fonds, au titre de la province d'Alger, une somme de . . 431,240

ce qui réduit à. . . . . 29,960 fr.
la somme à employer ultérieurement sur le fonds de réserve et de prévoyance.

Art. 5. — Les crédits ouverts pour couvrir les dépenses locales et municipales imputables sur le fonds provincial sont fixés comme il suit pour chaque province :

Alger	2,120,240 fr.
Oran	756,750
Constantine	1,013,250
	3,890,240 fr.

Art. 6. — Les crédits ouverts pour dépenses communes imputables sur le fonds général de 15 p. 100 sont fixés à 691,800 fr.

Art. 7. — Par suite du prélèvement autorisé à l'article 4 ci-dessus, les crédits ouverts pour dépenses imputables sur les fonds de réserve et de prévoyance sont fixés à 29,960 fr.

Art. 8. — Des états de répartition arrêtés par notre ministre de la guerre

vient de signaler aussi que l'impôt arabe a cessé de figurer parmi les produits coloniaux et a été classé dans la nomenclature des recettes du Trésor. Une portion seulement, qui est d'abord de 1/10, mais variera par la suite, est affectée à l'équilibre des recettes et des dépenses locales et municipales. Par contre, les frais de perception des produits et revenus et de paiement des dépenses classées au budget local et municipal sont remboursés au Trésor au moyen du prélèvement de 10 p. 100 sur le montant brut des recouvrements effectués au titre dudit service local et municipal. Cinq régies financières placées sous la surveillance du directeur des finances et du commerce sont préposées au recouvrement des impôts; ce sont les services :

De l'enregistrement et des domaines;

Des forêts;

Des douanes;

Des contributions diverses;

Des opérations topographiques.

L'ordonnance de 1845 fixe du reste d'une manière précise le mode d'établissement des impôts. Il y est dit au titre Ier :

« Les impôts, taxes et revenus de toute nature ne peuvent être établis, modifiés ou supprimés qu'en vertu d'ordonnances royales. Sont exceptés toutefois : 1° les taxes de ville et de police analogues à celles dont la per-

---

détermineront l'emploi détaillé à faire des crédits ouverts par la présente ordonnance.

Art. 9. — Il ne pourra être fait emploi des crédits restant à répartir, tant sur le fonds provincial des provinces d'Oran et de Constantine que sur le fonds général de 15 p. 100 et sur le fonds de réserve et de prévoyance, qu'en vertu des autorisations spéciales de notre ministre de la guerre.

ception est autorisée en France au profit des communes (Loi du 18 juillet 1837) : un arrêté du gouverneur général avec approbation du ministre suffit ; 2° les impôts dus par les populations arabes qui ne peuvent être établis que par arrêté ministeriel. »

Le budget de la colonie s'est maintenu ainsi constitué jusqu'en 1858 ; il s'est élevé, dans les dernières années, à la somme d'environ 7 millions, dans lesquels la province d'Alger entre pour 3 millions et chacune des deux autres à peu près pour 2 millions.

SECTION IV (1858-1870)

Budgets provinciaux. — Budgets municipaux. — Budget spécial des territoires non érigés en communes. — Ministère de l'Algérie (supprimé en 1861).

L'année 1858 a vu s'effectuer un remaniement complet du régime financier algérien. La création du ministère de l'Algérie et des colonies[1] nécessitait, en effet, une nouvelle organisation administrative. Elle a été réalisée complètement par le décret impérial des 27 octobre-6 novembre 1858 qui, achevant l'œuvre commencée en 1848[2] par la création des préfets et des conseils de préfecture, a doté l'Algérie de conseils généraux, non élus, il est vrai, mais nommés par l'Empereur. Ces conseils généraux sont, dans chaque province, communs au territoire civil et au territoire militaire. Les attributions des préfets et des commandants militaires sont étendues et, en même temps, par une sage décentralisation, celles du

1. Décret impérial, 24 juin-9 août 1858.
2. Arrêté du pouvoir exécutif, 9 décembre 1848-16 mars 1849.

gouverneur général supprimé sont réparties entre le ministère spécial et les autorités locales.

Cette transformation a permis de remplacer le budget local et municipal par trois budgets provinciaux distincts, applicables, dans chaque province, au territoire civil et au territoire militaire. « Le budget de chaque province, préparé de concert entre le préfet et le commandant du territoire militaire, est présenté au conseil général par le préfet. Ce budget, après avoir été délibéré par le conseil général est réglé définitivement par décret impérial[1]. Une nouvelle nomenclature des recettes et des dépenses des provinces a mis, autant que possible ce nouveau régime en harmonie avec notre régime départemental. Désormais le prélèvement de 25 p. 100 pour fonds de réserve est réduit à 10 p. 100 et n'alimente plus que le fonds commun. Le ministre en pourra disposer, soit pour subvenir à des dépenses d'un intérêt commun, soit pour venir en aide aux provinces dont les charges ordinaires surpasseraient les ressources.

Les recettes et dépenses purement municipales sont désormais écartées de ces budgets provinciaux. La constitution d'un certain nombre de communes de plein exercice, suivant le principe posé dès 1848, a permis en effet la création d'un nombre égal de budgets municipaux.

Quant aux recettes et aux dépenses de même nature particulières à des localités encore privées du droit communal, le décret en fait l'objet d'un budget spécial réglé par le préfet ou le commandant du territoire militaire.

Le ministère de l'Algérie dura peu : il fut supprimé en 1861[2] et le gouvernement général rétabli avec des pou-

1. Décret impérial, 27 octobre-6 novembre 1858, art. 41.
2. Décret impérial des 24 novembre 1860-19 janvier 1861.

voirs ministériels confiés au gouverneur général[1]. Sous ses ordres sont placés un sous-gouverneur et un directeur général des affaires civiles; la justice, l'instruction publique et les cultes sont les seuls services qui rentrent dans les attributions des départements ministériels auxquels ils ressortissent en France. Un conseil consultatif est institué auprès du gouverneur général; le budget et la répartition des impôts sont soumis à l'examen d'un conseil supérieur. Puis, « après délibération du conseil supérieur, le projet de budget et les répartitions sont arrêtés par le gouverneur général et nous sont soumis par notre ministre de la guerre[2] ».

Comme conséquence de la suppression du ministère de l'Algérie, un nouveau décret dut répartir entre le budget de divers ministères et le budget spécial du gouvernement général les crédits alloués pour l'ensemble des dépenses de l'exercice 1861 à l'ancien ministre de l'Algérie et des colonies.

Mais l'insurrection de 1864 provoque un retour en arrière. L'administration du territoire entier est remise à l'autorité militaire; les préfets sont subordonnés aux généraux commandant les divisions; les fonctions de directeur général des services civils sont supprimées et remplacées, pour la centralisation et l'expédition des affaires, par la création d'un secrétariat général du gouvernement[3].

Le budget général de l'Algérie est proposé par le gouvernement général (après avoir été soumis au conseil supérieur) et présenté par le ministre de la guerre. Le

1. Décret impérial des 10 décembre 1860-19 janvier 1861.
2. Décret impérial des 10 décembre 1860-19 janvier 1861, art. 13.
3. Décret impérial des 26 décembre 1864-6 février 1865.

ministre des finances, après l'avoir soumis au Conseil d'État, en porte le résultat au budget général de l'État sous le titre : *Produits et revenus de l'Algérie.*

Cette situation a duré jusqu'au 31 mai 1870, époque à laquelle le Gouvernement consentit enfin à rétablir l'ordre de choses normal.

SECTION V (1870-1881)

Budgets départementaux. — Assimilation (1870-1871). — 6 mai 1871. Rétablissement du budget du Gouvernement général civil, annexe au budget du Ministère de l'intérieur.

Mais alors survient la révolution du 4 septembre 1870 et les décrets du 24 octobre, en supprimant le régime militaire, donnent, suivant les termes de la dépêche qui en ordonne la promulgation, une première satisfaction au besoin d'expansion, si longtemps méconnu, de l'élément civil. Par une réaction radicale, ce sont les autorités militaires qui sont, à leur tour, subordonnées aux autorités civiles et les généraux administrateurs aux préfets.

D'un seul coup, l'assimilation complète de l'Algérie à la métropole se trouve réalisée et la colonie est dotée de nos institutions départementales. Voici, du reste, dans toute leur concision, les principaux articles du décret signé à Tours et portant les dates des 24 octobre, 10 novembre 1870.

« Art. 1er. — Sont supprimées les fonctions et attributions du gouverneur général de l'Algérie. Le conseil supérieur du gouvernement de l'Algérie et le conseil du gouvernement de l'Algérie sont également supprimés.

« Art. 3. — L'Algérie renferme trois départements. . . ce qui fait 92 départements dans la République.

« Art. 5. — Le gouvernement et la haute administration de l'Algérie sont centralisés à Alger sous l'autorité d'un haut fonctionnaire qui reçoit le titre de « gouverneur général civil des trois départements de l'Algérie ».

Cette assimilation devait entraîner des modifications dans le régime financier; aussi deux décrets signés à Bordeaux le même jour et portant la date des 4-16 février 1871 viennent-ils bientôt compléter celui du 24 octobre. Ces deux décrets sont précédés du rapport suivant du ministre de la justice (Crémieux) à ses collègues :

« Mes chers collègues, vous savez la nouvelle situation qui est faite aux trois départements algériens, celle de départements ne différant plus des autres déparments de la France par des caractères essentiels.

« Le régime financier est la consécration nécessaire, indispensable, du régime politique. Vouloir consacrer l'assimilation de l'Algérie à la France, vouloir la faire rentrer dans le droit commun qui sera, dans l'avenir, sa sauvegarde contre les régimes d'exception qui lui ont été toujours si funestes, la mettre en un mot en état de se présenter à l'Assemblée nationale au même titre que les autres départements et néanmoins lui conserver, au même moment, une existence financière à part, une raison d'état exceptionnelle, incompatible avec le contrôle tutélaire de la comptabilité publique, ce serait, il me semble, vouloir fondre dans un même programme des éléments contradictoires, et enlever, par avance, à l'assimilation politique de l'Algérie à la France, la plus sûre de toutes ses garanties, celle qui résultera de l'intérêt qu'aura chacun des départements ministériels à défendre, sur le sol algérien, l'intégrité de ses attributions et de ses crédits. . . . . »

Le premier décret :

« Vu la loi de finances du 27 juillet 1870;

« Considérant que les décrets du 24 octobre 1870 et du 1er janvier 1871 ont eu pour objet d'assimiler progressivement le régime des départements algériens à celui des départements du continent; que, par ce motif, il y a lieu de rendre à chacun des ministères compétents les attributions et la libre disposition des crédits concernant les services dès à présent assimilables;

« Annule au titre du ministère de la guerre les crédits à lui alloués pour l'exercice 1871 (dépenses du gouvernement général de l'Algérie), montant à la somme de 41,393,611 fr.;

« Transfère pour ledit exercice cette même somme de crédits aux budgets des ministères de l'intérieur, de la justice, des finances, de la guerre, de la marine et des colonies, de l'instruction publique et des cultes, de l'agriculture et du commerce, des travaux publics, conformément à la répartition ci-après: . . . » (Voir au *Bulletin officiel.*)

Les crédits ainsi répartis sont mis par délégation à la disposition des ordonnateurs secondaires que chaque ministre peut désigner par des arrêtés spéciaux.

Le second décret charge le ministre des finances de la liquidation des dépenses et de la reddition des comptes des exercices 1869 et 1870, ainsi que de l'apurement des dépenses relatives aux exercices clos antérieurs à 1869 en ce qui concerne les services spéciaux du gouvernement général de l'Algérie. A cet effet, le ministre transmettra directement ses instructions aux autorités compétentes et aux ordonnateurs secondaires de l'Algérie.

Comme conséquence de l'assimilation, la suppression

du fonds commun provincial s'imposait ; elle a été réalisée par le décret de Bordeaux des 4-16 février 1871.

Les décrets du 24 octobre avaient été rendus à la hâte, pendant une période troublée, sans avoir été mûrement étudiés et réfléchis, aussi furent-ils bientôt remaniés et l'essai d'assimilation qu'ils avaient institué ne dura pas. Un arrêté du pouvoir exécutif des 6-31 mai 1871 abroge les deux décrets du 4 février 1871 et rétablit en même temps le budget du gouvernement général de l'Algérie. Mais, comme conséquence de la substitution du régime civil au régime militaire en Algérie, ce budget est distrait du ministère de la guerre et forme une annexe à celui de l'intérieur[1].

Peu après, le conseil de gouvernement et le conseil supérieur de l'Algérie sont reconstitués[2].

Les inconvénients de la centralisation de tous les services algériens entre les mains du seul ministre de l'intérieur ne tardèrent pas à se faire sentir : l'exécution des grands travaux publics entrepris en Algérie, le nombre et l'importance des affaires soumises au gouverneur général, la grande extension prise pendant cette période par le régime communal auquel on appliqua dans toutes celles de ses dispositions compatibles avec l'organisation administrative de la colonie, la législation libérale de la métropole, rendirent nécessaires les deux décrets du 30 juin 1873 qui marquent un nouveau pas fait dans la

1. Art. 3. — Les fonds alloués pour l'ensemble des dépenses générales de l'Algérie sont ouverts au ministère de l'intérieur, qui délègue au gouverneur général civil de l'Algérie la disposition des crédits distribués mensuellement. Le gouverneur général civil sous-délègue aux ordonnateurs secondaires qu'il désigne les crédits qu'il ne s'est pas réservés pour des ordonnancements directs.

2. Décret présidentiel, 7-28 octobre 1871 (B. G. 380).

voie de la décentralisation. Le premier de ces décrets permet à chaque ministre de correspondre avec le gouverneur général pour les affaires de son département et de présenter à la signature du Président de la République les actes qui doivent émaner du chef du pouvoir exécutif; le second érige en directions les trois divisions de l'intérieur, des travaux publics et des finances qui se partageaient auparavant les différents services.

SECTION VI

Les décrets de rattachements (1881).

Cette décentralisation si nécessaire à une bonne et prompte exécution des affaires s'accentua bientôt, mais on reprit en même temps l'ancien programme, que rien ne justifiait, d'assimilation à la métropole et les deux mesures furent en partie réalisées par les décrets du 26 août 1881 dits de rattachements.

Désormais les différents services de l'Algérie sont placés sous l'autorité directe des ministres compétents. La haute administration est centralisée à Alger sous les ordres d'un gouverneur général civil qui relève des différents départements ministériels. Au-dessous du gouverneur général est placé un secrétaire général de gouvernement chargé de préparer l'expédition des affaires civiles et financières.

Le gouverneur général est assisté d'un conseil de gouvernement (sorte de Conseil d'État du gouverneur général) et d'un conseil supérieur de gouvernement dont il a la présidence et qui est composé des principaux chefs de service de l'administration (formant le conseil de gouvernement) et de dix-huit délégués des conseils généraux de l'Algérie.

Les propositions budgétaires concernant les services civils de l'Algérie — auxquels ne viennent plus se mêler des services départementaux ou communaux — sont arrêtées par les ministres, chacun en ce qui le concerne, sur la proposition du gouverneur général et après avis du conseil supérieur. Elles sont annexées au budget général de l'État. Les ministres disposent des crédits qui leur sont ouverts de ce chef dans les mêmes formes et conditions et sous les mêmes responsabilités que pour le budget métropolitain.

En exécution de ce décret, les différents services rattachés se trouvent soumis aux règles administratives et financières applicables aux services analogues de la métropole. Un certain nombre de services ont été placés, du reste, dans les attributions et sous l'autorité directe du ministre des finances. Ce sont :

Les contributions directes et le cadastre ;

Les contributions diverses ;

L'enregistrement, les domaines et le timbre avec l'administration des biens séquestrés ;

Le service topographique et le service de constitution de la propriété indigène.

Le service des forêts de la colonie est, au contraire, rattaché au ministère de l'agriculture.

La rigueur de ces mesures d'assimilation a été un peu atténuée par plusieurs décrets du 26 août 1881 et suivants autorisant le gouvernement général de l'Algérie à statuer sur différents objets par délégation de différents ministres. A partir de l'année suivante [1], les ministres ont

1. Décrets du 13 mai 1882 et suivants.

été également autorisés à conférer au gouverneur général la faculté de disposer, par voie d'ordonnances de délégation, de tout ou partie des crédits ouverts au budget de leur département.

SECTION VII

Les nouvelles tendances. — Projet d'un budget spécial en 1892. Les derniers décrets.

On ne tarda pas à se rendre compte en Algérie, et aussi en France, des graves difficultés que comportait le régime des rattachements. Le gouverneur général se trouvait entravé dans son action, réduit à n'être plus guère « qu'un décor coûteux autant qu'inutile, tout au plus un inspecteur de la colonisation dans le palais d'un roi fainéant ». (J. Ferry.) La direction des affaires algériennes se trouvait livrée au jeu des influences parlementaires, aux tiraillements des administrations rivales. L'allocation de crédits demandés à Alger était décidée souverainement à Paris dans des bureaux quelquefois mal disposés en faveur de dépenses dont ils ne pouvaient apprécier ni la convenance ni l'utilité. Le pouvoir et la responsabilité disséminés partout n'étaient plus nulle part.

M. Tirman, gouverneur général, fut un des premiers à signaler le péril. Pour lui, le remède consistait dans l'autonomie budgétaire et, dès 1886, il exposait dans ses grandes lignes son projet de réforme. Ce n'est cependant qu'à la session de novembre-décembre 1890 du conseil supérieur du gouvernement qu'il formula nettement son projet de budget spécial, en soumettant au conseil les propositions budgétaires de 1892. La mesure proposée se réduisait dans la forme à la réunion en un seul tout des éléments épars du budget algérien ; quant au fond, à l'affectation aux services algériens des produits et revenus recouvrés par le Trésor dans la colonie. Le budget spécial devait faire face aux dépenses civiles de toute nature, sauf les annuités d'anciens emprunts et les garanties d'intérêts applicables aux seules lignes de chemins de fer actuellement concédées. En vue de tenir compte à la métropole des frais généraux de gouvernement et d'administration, comme aussi des sacrifices que lui avait imposés depuis longtemps la possession de l'Algérie, on devait partager avec elle les recettes qui seraient réalisées au delà de 40 millions.

Or, dans les prévisions de 1892 les recettes figuraient pour 43,592,590 fr. (les plus-values ayant été en moyenne de 1,200,000 à 1,500,000 fr. pendant les dernières années) et les dépenses pour 40,123,598 fr. Après prélèvement par le Trésor de moitié de la partie des recettes dépassant 40 millions, le budget algérien devait donc, dès la première année, bénéficier d'un excédent de recettes de 1,672,397 fr. Pour la France, étant donnée toujours la progression des recettes, les rentrées devaient, à partir de 1904, l'emporter sur les débours.

En somme, toute l'économie de ce projet, qui devait affermir les pouvoirs du gouverneur général et, dans l'avenir, permettre à l'Algérie d'emprunter, reposait sur une donnée purement hypothétique : la continuité des plus-values.

Bien accueilli en Algérie, le projet Tirman ne rencontra pas en France la même faveur : le Sénat surtout s'y montra hostile.

M. Pauliat, dans son rapport sur le budget de 1891, s'éleva contre les prétentions des auteurs du projet de budget spécial et objecta l'atteinte ainsi portée à l'unité budgétaire que les pouvoirs publics venaient de réaliser à grand'peine.

M. Boulanger, dans la séance du 2 mars 1891, en réponse au discours que M. Tirman avait prononcé à propos de l'interpellation Dide, montra le danger de la mesure projetée, qui touche aux racines mêmes de nos constitutions politiques. Il qualifia la création du budget spécial de politique séparatiste, d'acte d'ingratitude et d'imprévoyance. Il invoqua le spectre de l'Algérie devenant une sorte de protectorat indépendant et s'écria : « J'ai peur de cette orientation politique, et je ne livrerai pas les clefs de la caisse pour tenter pareille aventure. »

A la suite de ces discussions (ordre du jour Bérenger du 6 mars), le Sénat nomma, le 18 mars 1891, une commission sénatoriale de 18 membres chargée de l'étude des questions algériennes. Au retour de son voyage en Algérie, la commission, que présidait Jules Ferry, publia une série de rapports, dont un, de J. Ferry, sur l'organisation et les attributions du gouvernement général (27 octobre 1892) et un autre de M. Clamageran sur le régime fiscal de l'Algérie (1er décembre 1892).

Comme sanction, le Sénat, dans un ordre du jour, en mai 1893, constatait « la nécessité de rapporter les décrets de rattachements et de fortifier les pouvoirs du gouverneur général ».

A la même époque, la Chambre des députés a également cherché à s'éclairer sur les questions algériennes (rapports Burdeau [1892] et Jonnart [1893]); elle a décidé que le budget de l'Algérie serait désormais unifié et présenté dans un tableau unique. Le Parlement peut s'assurer ainsi si le budget de l'Algérie tend vers un état d'équilibre, ou bien, au contraire, si les charges qui en résultent pour la métropole s'aggravent.

Mais ce n'est qu'en novembre 1896 que la Chambre manifesta nettement son désir de réformes en votant l'ordre du jour suivant : « La Chambre, convaincue que le système des rattachements édictés par les décrets du 28 août 1881 constitue un obstacle au bon fonctionnement des services publics en Algérie, et à la réalisation des réformes, invite le Gouvernement : 1° à rapporter immédiatement ces décrets et à réorganiser la haute administration de la colonie ; 2° à déposer sans retard un projet de loi, tant pour constituer le contrôle de l'administration, que pour régler la composition et le fonctionnement du conseil supérieur. »

Le ministre de l'intérieur, M. Barthou, ne tarda pas à se conformer aux volontés ainsi manifestées par le Parlement, et un décret du 31 décembre 1896, rendu sur sa proposition, abrogea les décrets des 11 mars et 28 août 1881 en même temps que le décret du 18 décembre 1874, qui avait placé sous l'autorité directe du ministre de l'intérieur les services de l'administration pénitentiaire.

Aux termes de l'article 5 du nouveau décret :

« Demeurent seuls rattachés les services, non musulmans, de la justice, des cultes et de l'instruction publique, la trésorerie et les douanes. Cependant, en ce qui concerne notamment ce dernier service, le gouverneur général devra être avisé de tous les incidents de nature à intéresser la sécurité de la colonie, et il devra être consulté sur toutes les questions qui touchent à la vie économique du pays. »

Les articles 6 et 7 visent les services placés sous l'autorité du gouverneur général. En ce qui concerne le personnel de l'enregistrement et des contributions directes et diverses, le gouverneur général conserve les mêmes attributions qu'il exerçait auparavant. Il devra être consulté sur la fixation de la résidence, l'avancement et les mesures disciplinaires en ce qui touche les agents des autres administrations métropolitaines mis à sa disposition.

L'article 8 fixe les règles du contrôle administratif auquel seront soumis les actes du gouverneur général. Un rapport mensuel devra être adressé au ministre de l'intérieur — rapport dans lequel devront être analysées et expliquées toutes les décisions dont il n'a pas été rendu compte immédiatement ; — en outre, il lui sera remis chaque année un rapport détaillé qui sera communiqué au Parlement.

Le budget des dépenses de l'Algérie est préparé (sauf les exceptions prévues à l'article 5) par le gouverneur général après avis du conseil supérieur. Les crédits sont ouverts au ministre de l'intérieur, sauf pour les services non musulmans de l'instruction publique, de la justice et des cultes, pour les services de la trésorerie et des douanes et pour les services énumérés à l'article 7.

Enfin, suivant le désir manifesté par la Chambre, le rapport accompagnant le décret du 31 décembre[1] annonçait la préparation d'un projet de loi concernant le contrôle et le conseil supérieur ; mais ce projet, déposé sur le bureau de la Chambre en février 1897, n'est jamais venu en discussion.

1. *Journal officiel* du 1er janvier 1897.

Le décret du 31 décembre avait besoin d'être complété dans plusieurs de ses dispositions : c'est seulement à partir du 10 août 1897 qu'une série de décrets ont déterminé les conditions nouvelles dans lesquelles certains services fonctionneraient en Algérie. La plupart des mesures dont il s'agit n'ont même été prises que dans le courant de 1898.

Enfin, le 23 août 1898, M. Brisson, président du Conseil, a soumis à la signature du Président de la République trois projets de décrets qui « concourent (dit le rapport[1]) à la réalisation d'une même pensée : assurer au gouvernement général de l'Algérie, déjà fortifié par la suppression presque complète du régime dit des rattachements, une force nouvelle fondée sur des institutions libérales, destinées à associer plus directement les populations algériennes à l'œuvre du gouverneur qui représente la métropole auprès d'elles ».

Le premier décret abroge celui du 31 décembre 1896 ; en fait, il reproduit, en les développant, ses principales dispositions et n'en diffère que par quelques points particuliers.

Le second organise une institution nouvelle, les délégations financières algériennes, et le troisième modifie la composition du conseil supérieur du gouvernement, sans d'ailleurs apporter aux attributions de ce conseil aucun changement important.

« L'idée maîtresse qui a inspiré les décrets du 23 août 1898, dit M. Renaud[2], était de réparer autant que possible la faute commise dans le passé. Après la période

1. *Journal officiel* du 25 août 1898.
2. Discours prononcé par M. Renaud, procureur général, à l'audience solennelle de la Cour des comptes du 16 octobre 1899.

de conquête, on était tombé sans transition dans le régime de l'assimilation. On avait fait en Algérie des départements algériens, en oubliant que cette belle colonie constituait une vaste région qui avait droit à son individualité, à sa personnalité propres. »

CHAPITRE II

STATISTIQUE DES BUDGETS DE L'ALGÉRIE

On peut, au point de vue de la statistique budgétaire, distinguer en Algérie quatre grandes périodes :

Dans celle du début, qui s'étend de 1830 à 1845, les sommes destinées à faire face aux dépenses de la colonie sont presque exclusivement fournies par le budget de la métropole. Les recettes propres à l'Algérie sont très peu importantes et c'est à peine si elles s'élèvent de 1,500,000 francs en 1835 à 4,700,000 fr. en 1845. Une contribution extraordinaire de guerre de 49,017,340 fr. avait bien été prélevée en 1830 sur le Trésor d'Alger, mais il n'y a pas à s'occuper ici de ressources d'un rendement aussi irrégulier.

Dans la seconde période, qui va de 1845 à 1884 environ, les ressources se développent grâce aux progrès de la colonisation et atteignent 35,000,000 fr. en 1885. Il est vrai que les dépenses civiles s'accroissent aussi, à partir surtout de 1871, où elles augmentent d'un mouvement presque régulier et à raison de 1,300,000 à 1,400,000 fr. par an. Cependant, la part prélevée par l'Algérie sur les ressources de la métropole devient de moins en moins considérable.

Le *Bulletin de statistique et législation comparée,* publié par le ministère des finances, évalue ainsi à la date du

1er janvier 1887 (t. XXII, p. 414) les sacrifices consentis par la métropole, en faveur de l'Algérie, depuis la conquête :

La comparaison du total de l'ensemble des dépenses	4,868,109,881 fr.[1]
avec le total général des recettes . .	1,207,310,697
fait ressortir un excédent de dépenses de.	3,660,799,184 fr.
mais si l'on compare seulement les dépenses des services civils[2]. . . .	1,188,842,570
avec les recettes ordinaires	1,065,612,206
l'excédent de dépenses se réduit à.	123,230,364 fr.

L'importance des sacrifices est, dans l'un et l'autre cas, considérable, aussi n'y a-t-il pas lieu de s'étonner si, de 1884 à 1892, les crédits affectés à l'Algérie pour ses services civils (non compris sa part dans notre Dette et dans les avances pour garanties d'intérêts aux compagnies de chemins de fer) n'ont reçu aucun développement. C'est que manifestement les Chambres sont alors résolues à ne plus accroître les sacrifices de la France en faveur de sa colonie. Il est vrai que pendant cette troisième période les recettes n'ont pas augmenté sensiblement.

Il en est autrement à partir de 1892, et, suivant le programme formulé par M. Burdeau, dans son remarquable rapport sur le budget de 1892, l'Algérie n'obtient de nouveaux crédits qu'en s'imposant des charges nouvelles sensiblement équivalentes. Il en est ainsi du moins pen-

1. Dans ce chiffre, les dépenses militaires (du seul ministère de la guerre) figurent pour 3,354,698,078 fr.

2. Non compris la part (impossible à évaluer) de l'Algérie dans les dépenses de la Dette.

dant les premières années, car bientôt le programme Burdeau est oublié; et si, de 1892 à 1900, l'écart entre les dépenses et les recettes est sensiblement le même, c'est que la prospérité générale de l'Algérie a permis à ces dernières d'augmenter pendant cette dernière période d'environ 1,500,000 fr. par an.

Le budget de 1892 a réalisé une réforme qu'il est utile de signaler pour la clarté des tableaux qu'on trouvera plus loin. En même temps qu'il groupait en un état unique les recettes de l'Algérie et en réunissait en un seul tableau toutes les dépenses, il incorporait dans le total de ces dernières les avances aux compagnies de chemins de fer algériens pour garanties d'intérêts. Le chiffre des dépenses s'en trouve singulièrement accru.

A partir de 1892, les seules dépenses civiles de l'Algérie ne figurant pas dans ses états budgétaires sont, avec les dépenses de la Dette :

Les dépenses pour pensions civiles;

Les dépenses de la gendarmerie;

L'annuité à la Compagnie Paris-Lyon-Méditerranée;

Et l'annuité à la Compagnie algérienne.

C'est de ce chiffre global qu'il faudrait grossir les dépenses figurant à notre troisième graphique pour connaître l'importance exacte des sacrifices annuellement consentis par la France en faveur de sa colonie. On sait la difficulté qu'il y a à apprécier justement les dépenses de la Dette et celles des pensions civiles.

TABLEAU
DES DÉPENSES CIVILES DE L'ALGÉRIE
de 1870 à 1900

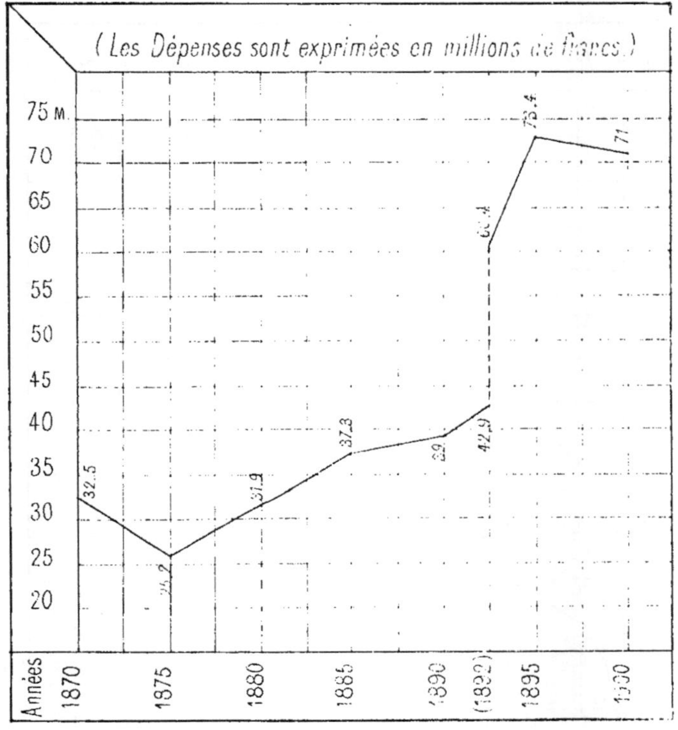

Nota. — Deux chiffres de dépenses figurent à l'année 1892. Le premier ne comprend pas le montant des garanties d'intérêts aux chemins de fer qui, désormais, figurera dans le total des dépenses civiles de l'Algérie.

TABLEAU

DES RECETTES PERÇUES EN ALGÉRIE AU PROFIT DU TRÉSOR

de 1830 à 1900

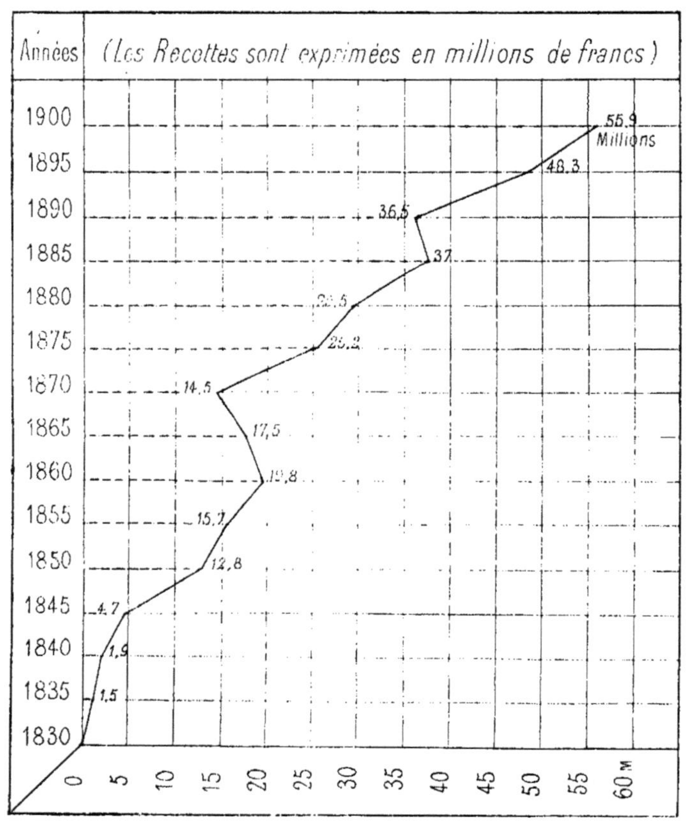

COMPARAISON

DES DÉPENSES CIVILES ET DES RECETTES DE L'ALGÉRIE

de 1892 à 1900

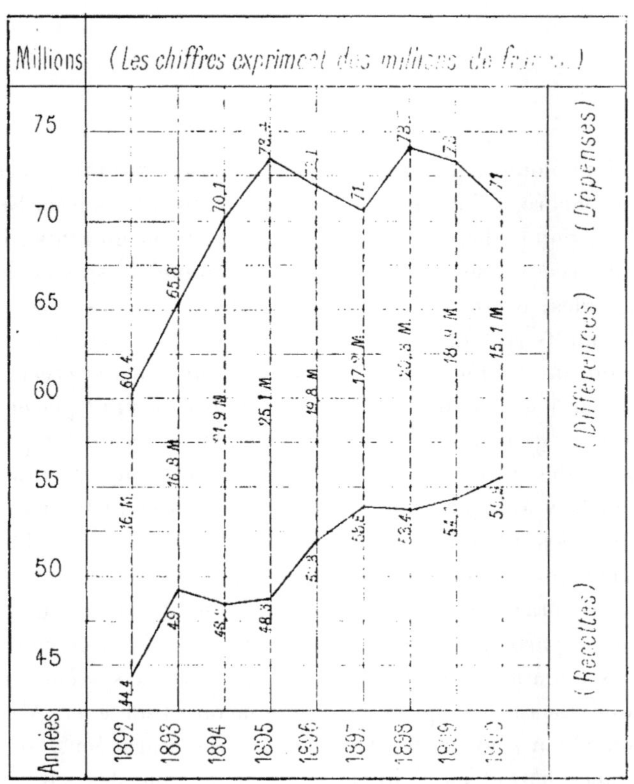

CHAPITRE III

LE BUDGET ACTUEL CIVIL

La volonté manifestée par la Chambre, en 1896, n'est pas encore, à l'heure actuelle, complètement réalisée. Sur deux points, les décrets de 1898 ont été insuffisants : ils ont laissé subsister des services qui, comme le service des douanes, celui de l'enseignement des indigènes et celui des forêts restent absolument en dehors de l'action et de l'autorité du gouverneur général ; ils ont omis la création du service de contrôle que la Chambre désirait placer à côté du gouverneur général. Cependant, devant l'importance des résultats acquis et malgré ces imperfections, appelées à disparaître, on a pu dire, avec juste raison, que « les différentes mesures prises depuis 1896 établissaient une sorte de constitution algérienne[1] ».

Le caractère essentiel de cette constitution est d'être mixte, participant à la fois des principes d'autonomie et d'assimilation. Ni l'un ni l'autre de ces deux systèmes ne sont, du reste, applicables d'une façon absolue en Algérie. S'il n'y avait en Algérie que des Européens, si la France n'avait pas à intervenir pour fournir des subventions ou des garanties d'intérêts aux travaux publics algé-

1. Rapport fait au nom de la commission du budget de l'exercice 1899, par M. Albert Le Moigne, député.

riens, si l'Algérie entretenait elle-même son armée, il pourrait être question, peut-être, d'autonomie! Et encore ce serait méconnaître la grande tâche civilisatrice qui incombe à la France dans l'Afrique du Nord; mais aucune des conditions n'est remplie. L'assimilation semble au premier abord plus logique, car elle repose sur une équivoque sentimentale qui s'est acclimatée chez nous : « L'Algérie, dit-on, est le prolongement de la France. » Il n'est rien de plus faux; sans parler du climat, ni du milieu, les différences ethniques et sociales ne permettront jamais une assimilation efficace. Force est donc de s'en tenir à un régime mixte, d'adapter autant que possible l'organisation actuelle aux besoins existants. C'est ce qu'ont tenté de faire les décrets de 1898 ; nous allons voir comment, en matière financière, ils y ont réussi.

Le décret du 23 août 1898, relatif aux attributions du gouverneur général de l'Algérie, s'exprime ainsi à l'article 9 : « En attendant qu'il ait été statué par le pouvoir législatif sur la question d'institution d'un budget spécial en Algérie, et sur la répartition, s'il y a lieu, des droits de décision et de contrôle, entre les pouvoirs publics de la métropole et les autorités de la colonie, le budget des dépenses de l'Algérie continuera d'être préparé, sauf les exceptions prévues à l'article 5, par le gouverneur général, après avis du conseil supérieur. »

En fait, les pouvoirs du gouverneur général en matière financière n'ont guère été accrus par les derniers décrets; il continue à être mis systématiquement à l'écart de certaines administrations et, s'il a la responsabilité, il est loin d'avoir l'autorité pleine et entière. Les services non musulmans de la justice, des cultes et de l'instruction publique, ainsi que les services de la trésorerie et des douanes demeurent sous l'autorité des ministres compétents, seuls chargés de préparer les budgets de ces administrations. Cette seconde partie des prévisions budgétaires est bien, il est vrai, communiquée au gouverneur général, mais il lui est bien difficile de faire entendre, à ce moment, ses observations, et l'inconvénient des rattachements n'en subsiste pas moins.

La partie des dépenses dont la prévision appartient au gouverneur général en même temps que l'évaluation des recettes, et en vertu de l'article 9, ne comprend guère plus de la moitié des crédits — en 1900 : trente-huit millions sur un budget de soixante et onze millions.

Ces dépenses sont réparties dans les budgets des ministères de l'intérieur et des cultes, des finances, du commerce, de l'industrie et des postes et télégraphes et de l'agriculture.

Le ministère de l'intérieur comprend toutes les dépenses des services civils placés sous l'autorité du gouverneur général.

Le ministère des finances, tous les services financiers de l'Algérie moins ceux de la trésorerie et des douanes.

Le ministère du commerce, le service des postes et télégraphes.

Le ministère de l'agriculture, le service des forêts.

Le tableau des prévisions budgétaires du gouvernement général pour 1900 se résume ainsi :

Ministères.	Crédits demandés.	Recettes prévues.
Intérieur et cultes	23,174,663 fr.	(D'après la règle de l'antépénultième année.)
Finances	5,646,936	
Commerce	6,077,571	
Agriculture	3,108,590	
Totaux	38,007,760 fr.	54,353,534 fr.

On sait que le gouverneur général est aidé dans sa tâche de préparation budgétaire (à laquelle ont déjà collaboré toutes les administrations subordonnées) par deux institutions spéciales dont l'une n'a fait qu'être modifiée, alors que l'autre était créée de toutes pièces par les décrets du 23 août 1898.

Le conseil supérieur du gouvernement existait déjà; le décret s'est borné à en modifier l'organisation et à mieux définir quelques-unes de ses attributions consultatives. Voici du reste le texte même du rapport au Président de la République précédant le décret : « La principale innovation consiste dans l'augmentation du nombre des membres du conseil supérieur, par suite de l'introduction plus large de l'élément électif, rendue nécessaire par la création des délégations financières. Il importe, en effet, que chacune de ces délégations ait ses représentants au conseil supérieur. Le projet de décret en attribue six à chacune des deux premières délégations et quatre à la délégation indigène, dont un est réservé à la section kabyle. Il y aura donc au conseil supérieur seize représentants des délégations, élus par elles.

Cet élément électif vient s'ajouter à celui qui existe actuellement et qui consiste en membres élus par les conseils généraux. Le nombre de ces membres subit seulement une légère réduction par suite de la place donnée aux délégations. Il est de quinze au lieu de dix-huit, à raison de cinq par département.

Le total des membres élus est ainsi de trente et un, supérieur de deux au nombre des membres non élus qui est de vingt-neuf, savoir: vingt-deux membres de droit appelés à siéger en vertu de leurs fonctions, et sept membres nommés par le gouverneur général, — dont trois choisis parmi les notables indigènes algériens et quatre parmi les fonctionnaires algériens. »

Le décret définit ensuite les attributions du conseil supérieur ainsi modifié :

« Art. 4. — Le conseil supérieur se réunit chaque année en session ordinaire, après la session des délégations financières, et à la date fixée par le gouverneur général qui peut encore le convoquer en session extraordinaire. »

« Art. 9. — En attendant qu'il ait été statué par le pouvoir législatif sur la question d'institution d'un budget spécial en Algérie, le conseil supérieur délibère sur les évaluations de recettes établies par le gouverneur général, après avoir reçu communication des délibérations prises par les délégations financières. Il examine également le budget des dépenses préparé conformément à l'article 9 du décret relatif aux attributions du gouverneur général. Les prévisions de dépenses concernant les services rattachés lui sont communiquées à titre de renseignements. »

Le premier reproche qu'on est tenté d'adresser au conseil supérieur ainsi modifié, c'est de n'être pas élu en totalité. Mais ce reproche est peu fondé, car le conseil ne représenterait dans ce cas que les électeurs, et ceux-ci, contrairement à ce qui existe en France, forment à peine un dizième de la population totale. Or, c'est un devoir pour la France d'accorder la même protection à tous ses sujets, et c'est un droit pour elle d'être représentée au conseil supérieur, puisqu'elle est, somme toute, et de beaucoup, le plus gros contribuable algérien.

On peut regretter avec plus de raison de voir les attributions du conseil supérieur rester purement consultatives. Mais le Gouvernement a pensé qu'il ne lui était pas possible de donner, par décret, une compétence plus étendue au conseil supérieur; il n'a pas dissimulé, du reste, qu'il envisageait volontiers cette éventualité pour le jour où l'Algérie serait dotée, en recettes comme en dépenses, d'un budget spécial. « Si cette assemblée, dit M. Brisson, était appelée à prendre un jour de véritables décisions, dans la mesure fixée par le législateur, il est permis de penser qu'elle inspirerait assez de confiance aux pouvoirs publics de la métropole et aux populations de l'Algérie pour qu'une pleine autorité fût acquise à ses décisions[1]. »

Les délégations financières ont été créées à côté du conseil supérieur et, en attendant la réalisation de l'autonomie budgétaire, afin de permettre à l'ensemble des contribuables ou sujets français de se faire entendre dans toutes les questions d'impôts par des délégués librement élus. « Cette institution a pour but (dit le rapport précédant le décret) d'apporter au gouverneur général de l'Algérie le concours d'opinions libres, d'avis éclairés et de vœux réfléchis, émis par des représentants directs des contribuables algériens sur toutes les questions d'impôts et de taxes assimilées. »

La question de représentation était assez délicate ; elle a été fort habilement résolue. On a discerné parmi les contribuables algériens, citoyens ou sujets français, trois grands groupes qui ont certains intérêts communs, mais qui ont aussi des intérêts distincts, parfois même opposés. Ce sont les groupes des colons, des non-colons et des indigènes : de là trois délégations distinctes.

La première, de vingt-quatre membres (à raison de huit

1. Rapport adressé au Président de la République par le président du Conseil, ministre de l'intérieur, le 21 août 1898 (*Journ. offic.* du 25 août).

par département), est choisie uniquement par les colons électeurs âgés de vingt-cinq ans, Français depuis douze ans et résidant en Algérie depuis trois ans au moins. On entend par colons ceux qui détiennent et exploitent la terre à titre de propriétaires, de fermiers ou de chefs d'exploitation.

La deuxième délégation, de vingt-quatre membres également, est élue par un autre groupe de contribuables moins homogène qui comprend, en réalité, tous les contribuables français (remplissant les conditions requises), autres que les colons, c'est-à-dire par ceux qui acquittent l'impôt foncier sur la propriété bâtie, les patentes, la taxe sur les loyers, etc., et qui représentent les villes et toutes les formes de la richesse urbaine.

Enfin, la troisième délégation est choisie par les indigènes musulmans. Ils sont sujets français, ils paient les impôts, il semble donc juste qu'ils puissent faire entendre leur voix lorsque ces impôts sont en jeu. On a tenu compte d'ailleurs des différences qui existent entre les races et les systèmes d'impôts qui y correspondent, et on a distingué, au sein de cette délégation, une section arabe proprement dite et une section kabyle. De vingt et un membres seulement, cette délégation est choisie parmi les indigènes musulmans : neuf, en territoire civil, sont élus par les conseillers municipaux des communes de plein exercice et par les membres des commissions indigènes des communes mixtes; six, en territoire de commandement, sont choisis par l'autorité; et il y a enfin six délégués kabyles élus au scrutin individuel par les notables.

Les attributions des délégations financières sont, à l'heure actuelle, purement consultatives, et le resteront jusqu'à ce que les pouvoirs publics de la métropole en aient décidé autrement. Elles n'ont d'initiative d'aucune sorte, mais leur avis est demandé chaque année sur les questions d'impôts et de taxes assimilées qui intéressent chacune d'elles. Elles peuvent être également consultées par le gouverneur général sur toutes autres questions d'ordre économique ou financier : travaux publics, régime douanier, institutions de crédit, etc., mais leur rôle se borne à ces avis, quand encore on les sollicite. Chaque délégation délibère séparément. Elles ne peuvent être réunies, pour l'examen de questions d'intérêt commun, qu'en vertu d'un arrêté du gouverneur général qui spécifie l'objet de la délibération commune et l'indication des délégations qui devront se réunir.

Chaque délégation élit son bureau ainsi que les membres chargés de la représenter au conseil supérieur et qui sont au nombre de six pour chacune des deux premières délégations, et de quatre pour la troisième.

La nouvelle institution a été très favorablement accueillie par la population, qui a accepté un mode d'élection un peu compliqué, sans doute, mais permettant une assez juste représentation des divers intérêts en présence. Les deux sessions qui ont eu lieu déjà ont permis à nombre de délégués de faire preuve d'une compétence réelle, d'un vif désir d'obtenir de sages réformes après les avoir mûrement étudiées.

Le rôle des délégations devra-t-il donc se borner toujours à des vœux, le plus souvent dépourvus de sanction ? Il est permis d'en douter et M. le Président du Conseil, dans son rapport du 21 août 1898, a laissé entrevoir le bel avenir réservé à cette institution pour le jour où l'Algérie serait enfin dotée d'un budget spécial, se plaignant déjà que les règles traditionnelles qui président aux rapports de l'Algérie avec sa métropole ne permettaient pas au Gouvernement de donner aux délégations, notamment en matière financière, d'autres attributions que des attributions purement consultatives.

Lorsque, après avis des deux institutions dont nous venons d'étudier le fonctionnement, le gouverneur général a définitivement établi ses prévisions budgétaires, il est dressé un état de ce projet divisé en sections correspondant aux ministères intéressés ; puis, le travail relatif à chaque section est adressé au ministre compétent, en même temps que l'état présumé des recettes est adressé au ministre des finances. Le ministre des finances joint à son projet de loi annuel les prévisions de l'Algérie. Les dépenses sont, depuis 1892, développées dans un état spécial, figurant à la suite de l'état législatif des dépenses de la métropole ; les recettes, également en un état spécial, sont placées à la suite des « Voies et moyens » prévus pour la France. Le tout est soumis en même temps à la sanction du Parlement.

L'usage s'est établi, depuis quelques années, de faire intervenir le gouverneur général en qualité de commissaire du Gouvernement dans la discussion du budget, et en général des questions relatives à l'Algérie. On ne saurait trop se féliciter de cet état de choses. Bien que couvert, en droit constitutionnel, par l'autorité du ministre de l'intérieur, le gouverneur général se trouve appelé, à chaque instant, à exposer ses vues ou à défendre ses actes. En fait, c'est lui seul qui représente l'Algérie tout entière, les indigènes aussi bien que les colons, devant le Parlement et devant la France. Et, ensuite, quand il rentre à Alger, son influence s'en trouve accrue, car il représente dans la colonie non pas seulement le gouvernement qui l'a nommé, mais les intérêts supérieurs et permanents de la patrie française ; et sa mission d'arbitre entre les religions et les races, entre les intérêts et les passions en présence se trouve facilitée.

Les crédits alloués à l'Algérie par la loi de finances sont ouverts au ministre de l'intérieur, sauf pour les services non musulmans de la justice, des cultes et de l'instruction publique, pour les services de la trésorerie et des douanes et, dit le décret du 23 août 1898, pour les services énumérés à l'article 7. Or, l'article 7 est ainsi conçu : « Les directions générales des contributions directes, des contributions indirectes, de l'enregistrement, des domaines et du timbre, des postes et télégraphes, exercent en Algérie les mêmes attributions que dans la métropole, quant à l'assiette et à la perception des impôts, taxes et droits dont elles assurent le recouvrement, ainsi que des amendes et contraventions y relatives.

« Les directeurs des départements de l'Algérie correspondent directement avec les administrations centrales à Paris, au sujet des questions concernant cette partie du service, de la même manière et dans les mêmes formes que leurs collègues des autres départements.

« Les attributions du gouverneur général, en ce qui touche le personnel et les services des forêts et ceux de l'agriculture, demeurent réglées conformément aux décrets des 19 et 23 mars 1898. »

Le ministre de l'intérieur et les ministres dans les attributions desquels rentrent les services énumérés à l'article 7 mettent les crédits ouverts par les Chambres à la disposition du gouverneur général, qui peut ou les ordonnancer directement ou en assigner une partie aux ordonnateurs secondaires. Un service spécial de contrôle des dépenses engagées fonctionne du reste au gouvernement général de l'Algérie[1].

L'état de ces ordonnancements est adressé au ministre des finances.

Lorsque les crédits dont il doit avoir la disposition lui ont été délégués, c'est au gouverneur général de présider à l'exécution du budget, d'effectuer les dépenses telles qu'elles sont prévues et d'assurer le recouvrement des recettes. Il est aidé dans cette tâche par des administrations qui (sauf celle des contributions diverses) sont à peu près identiques aux administrations françaises.

Les règles qui président à l'engagement, à la liquidation, à l'ordonnancement et au paiement des dépenses, à la constatation et au recouvrement des recettes sont sensiblement les mêmes qu'en France, le décret du 31 mai 1862, sur la comptabilité publique, ayant été, dès longtemps, rendu applicable à l'Algérie dans ses parties les plus essentielles.

Pas de difficulté donc pour cette partie du contrôle budgétaire qui consiste dans la vérification des opérations matérielles de comptabilité; sur ce point, la Cour des comptes juge souverainement.

Mais vis-à-vis de la métropole et, on peut le dire aussi, vis-à-vis de l'Algérie, le contrôle de la gestion du gouverneur général est-il organisé et présente-t-il des garanties suffisantes? Il est permis d'en douter.

Responsable de ses actes, non seulement vis-à-vis du ministre de l'intérieur, mais encore vis-à-vis des autres ministres, le gouverneur général peut être approuvé par l'un et désapprouvé par les autres. Du fait que plusieurs

1. Arrêté du gouverneur général du 19 août 1893.

ministères figurent au budget de l'Algérie, partie au compte du ministère de l'intérieur, partie à leur propre compte, peuvent résulter des antinomies et des bizarreries.

On a bien proposé de faire du gouverneur général un commissaire permanent du Gouvernement responsable devant les Chambres; mais ce serait en faire un nouveau ministre, avec tous les inconvénients de l'instabilité ministérielle, et l'Algérie a déjà trop souffert des changements de politique.

Il serait plus logique de constituer un contrôle unique, portant sur tous les services indistinctement; mais cette réforme sera bien difficile à réaliser, tant qu'il existera encore des rattachements, tant que le gouverneur général n'aura pas réuni sous son autorité directe la totalité des services algériens. Mais, à quel ministère confier la charge de ce contrôle unique? Le laisser au ministère de l'intérieur, c'est le conserver inefficace, car ce ministère n'est nullement organisé pour faire, avec esprit de suite, de la politique coloniale. Le transfert de tous les services algériens au ministère des colonies se justifierait davantage, car il témoignerait du désir de considérer désormais l'Algérie comme une colonie, et le ministre pourrait apporter une attention soutenue à l'étude de la question indigène et de toutes les questions algériennes qui se rattachent si étroitement à la politique coloniale suivie par la France en Afrique.

Mais la question de contrôle, telle qu'elle se présente aujourd'hui, aura perdu de son intérêt le jour où la constitution d'un budget spécial sera enfin réalisée; c'est là que résidera, en effet, la plus efficace garantie de la gestion du gouverneur général. Puisque, en réalité, il n'existe pas aujourd'hui de budget de l'Algérie, les Algériens n'ont aucun intérêt à voir s'accroître leurs ressources budgétaires; ils n'ont aucune raison non plus de chercher à modérer leurs dépenses, puisque les économies réalisées de ce fait ne leur profiteraient pas. Il n'en sera plus ainsi le jour où l'Algérie sera intéressée à ses propres affaires, et il est permis d'entrevoir pour cette date la constitution, au sein des délégations financières, d'une commission de contrôle remplissant, auprès du gouverneur général, le rôle qui incombe, dans chaque département, vis-à-vis du préfet, à la commission départementale. Les décisions prises par cette commission, les blâmes qu'elle pourrait émettre seraient un guide précieux pour le Parlement, à qui appartiendrait toujours la sanction suprême.

CHAPITRE IV

EXAMEN DÉTAILLÉ DES DÉPENSES

La matérialité des chiffres nous semblant indispensable à une étude sérieuse et raisonnée du budget des dépenses de l'Algérie, nous avons cru devoir publier ici le tableau de ces dépenses, par ministères et par chapitres, tel qu'il vient d'être établi pour l'exercice 1900.

ÉTAT B.

Tableau par ministères et par chapitres des dépenses de l'Algérie pendant l'exercice 1900.

NUMÉROS des chapitres.	MINISTÈRES ET SERVICES.	MONTANT des CRÉDITS alloués.
	Ministère des finances.	
	3e PARTIE. — SERVICES GÉNÉRAUX DES MINISTÈRES.	
1	Frais de la trésorerie d'Algérie	553,750 f
2	Laboratoires en Algérie	5,000
3	Dépenses des exercices périmés non frappés de déchéance	Mémoire.
4	Dépenses des exercices clos	Mémoire.
	Total de la 3e partie	558,750 f
	4e PARTIE. — FRAIS DE RÉGIE, DE PERCEPTION ET D'EXPLOITATION DES IMPÔTS ET REVENUS PUBLICS.	
5	Personnel des contributions directes et du cadastre en Algérie	371,975 f
6	Matériel des contributions directes et du cadastre en Algérie	340,185
7	Personnel de la topographie en Algérie	334,495
8	Matériel de la topographie en Algérie	121,100
9	Allocation pour le recouvrement des droits universitaires en Algérie	3,000
10	Part des chefs collecteurs sur le principal des impôts arabes	1,332,000
11	Frais de perception des amendes et condamnations pécuniaires en Algérie	29,000
12	Personnel de l'enregistrement, des domaines et du timbre en Algérie	716,400
13	Matériel de l'enregistrement, des domaines et du timbre en Algérie	401,380
	A reporter	3,649,536 f

NUMÉROS des chapitres.	MINISTÈRES ET SERVICES.	MONTANT des CRÉDITS alloués.
	Report	3,649,536 f
14	Dépenses à la charge du domaine de l'État pour le service de la propriété individuelle indigène en Algérie.	3,000
15	Personnel des douanes en Algérie.	1,381,355
16	Matériel des douanes en Algérie.	89,737
17	Dépenses diverses des douanes en Algérie.	101,770
18	Personnel des contributions diverses en Algérie	1,115,293
19	Matériel des contributions diverses en Algérie	333,890
	Total de la 4e partie	6,674,581 f
	5e PARTIE. — REMBOURSEMENTS ET RESTITUTIONS, NON-VALEURS ET PRIMES.	
20	Remboursements sur produits de douanes.	19,000 f
21	Remboursements sur produits indirects et divers en Algérie	90,100
22	Répartitions de produits d'amendes, saisies et confiscations de douanes	38,700
23	Répartitions de produits d'amendes, saisies et confiscations en matières d'enregistrement et de contributions diverses	61,000
24	Attributions à divers de produits d'amendes, saisies et confiscations .	260,000
25	Remboursements partiels à opérer en exécution de l'article 10 de la loi du 11 janvier 1892	10,000
26	Dégrèvements et non-valeurs	305,000
	Total de la 5e partie	783,800 f
	RÉCAPITULATION	
	3e partie. — Services généraux des ministères.	558,750 f
	4e partie. — Frais de régie, de perception, etc.	6,674,581
	5e partie. — Remboursements et restitutions, etc.	783,800
	Total pour le ministère des finances . .	8,017,131 f
	Ministère de la justice.	
	3e PARTIE. — SERVICES GÉNÉRAUX DES MINISTÈRES.	
1	Personnel de la justice française en Algérie	1,900,250 f
2	Matériel et menues dépenses de la cour d'appel et frais de passage gratuit	22,000
3	Frais de justice criminelle en Algérie	700,000
4	Dépenses des exercices périmés non frappées de déchéance	Mémoire.
5	Dépenses des exercices clos	Mémoire.
	Total pour le ministère de la justice . .	2,622,250 f
	Ministère de l'intérieur et des cultes.	
	1re section. — Services de l'intérieur.	
	3e PARTIE. — SERVICES GÉNÉRAUX DES MINISTÈRES.	
1	Dépenses des exercices périmés non frappées de déchéance	Mémoire.
2	Dépenses des exercices clos	Mémoire.
	§ 1er. — Service de la justice musulmane.	
3	Personnel de la justice musulmane en Algérie	93,000 f
4	Matériel de la justice musulmane en Algérie.	6,050
5	Constitution de l'état civil des indigènes musulmans de l'Algérie . . .	13,700
	Total du paragraphe 1er (Justice musulmane) . . .	112,750 f

NUMÉROS des chapitres.	MINISTÈRES ET SERVICES.	MONTANT des CRÉDITS alloués.
	§ 2. — Service de l'intérieur.	
6	Personnel de l'administration centrale en Algérie	798,405f
7	Matériel de l'administration centrale en Algérie	50,000
8	Publications et impressions diverses en Algérie	61,800
9	Subsides, secours et récompenses en Algérie	183,000
10	Personnel de l'administration civile en Algérie	1,490,700
11	Matériel de l'administration civile en Algérie	465,300
12	Personnel du service de la sûreté générale et force publique en Algérie	649,037
13	Matériel du service de la sûreté en Algérie	22,100
14	Personnel de l'Assistance publique en Algérie	436,500
15	Matériel de l'Assistance publique en Algérie	2,289,050
16	Personnel de l'administration militaire en Algérie	320,508
17	Matériel de l'administration militaire en Algérie	62,470
18	Dépenses de colonisation en Algérie	2,204,925
19	Dépenses secrètes en Algérie	135,000
20	Participation à l'Exposition universelle de 1900	240,000
21	Service sanitaire en Algérie	94,040
22	Visite des pharmacies en Algérie	9,500
23	Personnel du service pénitentiaire en Algérie	700,245
24	Entretien des détenus en Algérie	1,181,977
25	Remboursements divers pour frais de séjour des détenus hors des établissements pénitentiaires (Algérie)	2,755
26	Transports des détenus et des libérés (Algérie)	53,500
27	Travaux ordinaires aux bâtiments pénitentiaires en Algérie (Services à l'entreprise)	10,000
28	Mobilier des services pénitentiaires en Algérie (Services à l'entreprise	5,500
29	Travaux ordinaires aux bâtiments et mobilier pénitentiaires en Algérie (Services en régie)	21,500
30	Exploitations agricoles en Algérie	40,000
31	Dépenses accessoires du service pénitentiaire en Algérie	9,245
	Total du paragraphe 2 (Intérieur)	11,537,057f
	§ 3. — Service du culte musulman.	
32	Personnel du culte musulman	238,430f
33	Matériel du culte musulman	69,000
	Total du paragraphe 3 (Culte musulman)	307,430f
	§ 4. — Service de l'instruction publique indigène.	
34	Instruction publique musulmane	102,970f
	Total du paragraphe 4 (Instruction publique indigène)	102,970f
	§ 5. — Service des beaux-arts.	
35	Bâtiments civils et palais nationaux	142,000f
36	Subvention à l'École nationale des beaux-arts d'Alger	13,400
37	Construction et entretien des édifices du culte musulman	150,000
	Total du paragraphe 5 (Beaux-arts)	305,400f
	§ 6. — Service du commerce et de l'industrie.	
38	Personnel des poids et mesures en Algérie	42,650f
39	Matériel des poids et mesures en Algérie	27,125
40	Enseignement technique en Algérie (École de Dellys)	144,200
	Total du paragraphe 6 (Commerce et industrie)	213,975f

NUMÉROS des chapitres.	MINISTÈRES ET SERVICES.	MONTANT des CRÉDITS alloués.
	§ 7. — Service de l'agriculture.	
41	Inspection de l'agriculture en Algérie	10,250 f
42	Personnel de l'enseignement agricole	13,000
43	Service pastoral en Algérie	22,000
44	Subventions à diverses institutions agricoles en Algérie	61,160
45	Concours en Algérie et en Tunisie	45,000
46	Défenses contre le phylloxéra et contre les invasions de sauterelles	308,400
47	Encouragements à l'agriculture en Algérie	125,340
48	Encouragements à l'industrie chevaline en Algérie	50,000
49	Travaux hydrauliques en Algérie	680,000
	Total du paragraphe 7 (Agriculture)	1,315,150 f
	§ 8. — Service des travaux publics.	
	1° Dépenses ordinaires :	
50	Personnel des travaux publics en Algérie	1,468,730 f
51	Entretien des routes en Algérie	3,520,000
52	Travaux ordinaires en Algérie (Ports maritimes, phares, fanaux et balises)	659,000
53	Travaux ordinaires en Algérie (Études et dépenses relatives aux ponts et chaussées et au contrôle des chemins de fer)	31,100
54	Travaux ordinaires en Algérie (Mines et forages, matériel et travaux).	212,000
	2° Dépenses extraordinaires :	
"	Remboursement des avances affectées aux travaux d'amélioration des ports maritimes en Algérie	»
55	Travaux neufs des routes nationales et des chemins non classés et voies stratégiques de l'Algérie	1,093,500
56	Amélioration des ports en Algérie	1,256,000
57	Études et travaux de chemins de fer exécutés par l'État en Algérie	1,200,000
	Total du paragraphe 8 (Travaux publics)	9,439,830 f
	§ 9. — Service maritime.	
58	Surveillance des pêches et de la navigation	43,456 f
	Total du paragraphe 9 (Service maritime)	43,456 f
	5e PARTIE. — REMBOURSEMENTS, RESTITUTION, NON-VALEURS ET PRIMES.	
	§ 2. — Service de l'intérieur.	
59	Remboursements sur le produit du travail des détenus en Algérie	260,000 f
	Total du paragraphe 2 (Intérieur)	260,000 f
	RÉCAPITULATION DE LA 1re SECTION (INTÉRIEUR).	
	3e PARTIE. — SERVICES GÉNÉRAUX DES MINISTÈRES.	
	§ 1er. — Service de la justice musulmane	112,750 f
	§ 2. — Service de l'intérieur	11,537,057
	§ 3. — Service du culte musulman	307,430
	§ 4. — Service de l'instruction publique indigène	102,970
	§ 5. — Service des beaux-arts	305,400
	§ 6. — Service du commerce et de l'industrie	213,975
	§ 7. — Service de l'agriculture	1,315,150
	§ 8. — Service des travaux publics	9,439,830
	§ 9. — Service maritime	43,456
	A reporter	23,378,018 f

NUMÉROS des chapitres.	MINISTÈRES ET SERVICES.	MONTANT des CRÉDITS alloués.
	Report	23,378,018f
	5e PARTIE. — REMBOURSEMENTS, RESTITUTIONS, NON-VALEURS ET PRIMES.	
	§ 2. — Service de l'intérieur.	260,000
	Total de la 1re section (Intérieur)	23,638,018f
	2e section. — Service des cultes.	
	3e PARTIE. — SERVICES GÉNÉRAUX DES MINISTÈRES.	
1	Traitement des archevêque et évêques.	35,000f
2	Traitements des curés.	43,200
3	Allocations aux vicaires généraux.	25,200
4	Allocations aux chanoines	12,000
5	Allocations aux desservants.	646,300
6	Secours ecclésiastiques	4,000
7	Mobilier des archevêque et évêques	1,000
8	Entretien des édifices diocésains.	10,000
9	Grosses réparations des édifices diocésains	10,000
10	Secours pour églises et presbytères	30,000
11	Personnel des cultes protestants.	97,000
12	Personnel du culte israélite	28,370
13	Secours pour les édifices des cultes protestants et israélite	1,200
14	Frais de passage	13,000
15	Dépenses des exercices périmés non frappées de déchéance	Mémoire.
16	Dépenses des exercices clos.	Mémoire.
	Total de la 2e section (Cultes).	956,370f
	RÉCAPITULATION.	
	1re section. — Intérieur	23,638,018f
	2e section. — Cultes.	956,270
	Total général pour le ministère de l'intérieur et des cultes . .	24,594,288f
	Ministère de l'instruction publique et des beaux-arts.	
	1re section. — Service de l'instruction publique.	
	3e PARTIE. — SERVICES GÉNÉRAUX DES MINISTÈRES.	
1	Frais de passage	65,000f
2	Administration académique. — Personnel	89,875
3	Administration académique. — Matériel	9,130
4	Écoles d'enseignement supérieur à Alger. — Personnel.	401,675
5	Écoles d'enseignement supérieur à Alger. — Matériel.	91,163
6	Bibliothèque nationale d'Alger. — Musée des antiquités algériennes. .	3[illegible],975
7	Lycées nationaux.	523,625
8	Remises et exemptions dans les lycées de garçons. — Bourses nationales et dégrèvements	98,521
9	Collèges communaux de garçons	123,127
10	Enseignement secondaire des jeunes filles	41,600
11	Enseignement primaire. — Inspecteurs	81,200
12	Écoles normales primaires et cours normaux pour les indigènes . . .	304,434
13	Écoles primaires supérieures ; écoles primaires élémentaires soumises à la loi du 30 octobre 1886 et non spécialement destinées aux élèves indigènes, secours et allocations.	3,147,700
	A reporter	5,005,025

NUMÉROS des chapitres.	MINISTÈRES ET SERVICES.	MONTANT des CRÉDITS alloués.
	Report	5,005,025f
14	Création d'écoles et d'emplois	60,000
15	Subventions aux départements, villes ou communes de l'Algérie, destinées à faire face au payement de partie des annuités dues par eux et nécessaires au remboursement des emprunts qu'ils ont contractés pour la construction de leurs établissements publics d'enseignement secondaire et d'enseignement primaire	70,385
16	Subventions en capital aux départements, villes ou communes de l'Algérie pour la participation de l'État à la construction des établissements publics d'enseignement primaire	120,000
17	Subventions en capital aux départements, villes ou communes de l'Algérie pour la participation de l'État à la construction d'établissements publics d'enseignement secondaire	55,000
18	Enseignement primaire des indigènes	904,664
19	Créations d'écoles et de classes nouvelles destinées aux indigènes	44,000
20	Subventions aux communes algériennes pour construction d'écoles ou de classes destinées aux indigènes	215,000
21	Dépenses des exercices périmés non frappées de déchéance	Mémoire.
22	Dépenses des exercices clos	Mémoire.
	Total pour le service de l'instruction publique	6,474,074f
	2e section. — Service des beaux-arts.	
1	Monuments historiques en Algérie	50,000f
1 bis	Fouilles de Timgad	100,000
2	Dépenses des exercices périmés non frappées de déchéance	Mémoire.
3	Dépenses des exercices clos	Mémoire.
	Total pour le service des beaux-arts	150,000f
	RÉCAPITULATION.	
	1re section. — Service de l'instruction publique	6,474,074f
	2e section. — Service des beaux-arts	150,000
	Total général pour le ministère de l'instruction publique et des beaux-arts	6,624,074f
	Ministère du commerce, de l'industrie, des postes et des télégraphes.	
	1re section. — Commerce et industrie.	
	3e PARTIE. — SERVICES GÉNÉRAUX DES MINISTÈRES.	
1	Dépenses des exercices périmés non frappées de déchéance	Mémoire.
2	Dépenses des exercices clos	Mémoire.
	Total de la 1re section	Mémoire.
	2e section. — Postes et télégraphes.	
	3e PARTIE. — SERVICES GÉNÉRAUX DES MINISTÈRES.	
1	Dépenses des exercices périmés non frappées de déchéance	Mémoire.
2	Dépenses des exercices clos	Mémoire.
	4e PARTIE. — FRAIS DE RÉGIE, DE PERCEPTION ET D'EXPLOITATION DES IMPÔTS ET REVENUS PUBLICS.	
3	Personnel de l'administration des postes et des télégraphes	4,003,509f
4	Matériel de l'administration des postes et des télégraphes	2,030,315
5	Dépenses diverses de l'administration des postes et des télégraphes	83,850
	Total de la 2e section	6,117,674f
	Total général pour le ministère du commerce, de l'industrie, des postes et des télégraphes	6,117,674f

NUMÉROS des chapitres.	MINISTÈRES ET SERVICES.	MONTANT des CRÉDITS alloués.
	Ministère de l'agriculture.	
	3e PARTIE. — SERVICES GÉNÉRAUX DES MINISTÈRES.	
1	Dépenses des exercices périmés non frappées de déchéance	Mémoire.
2	Dépenses des exercices clos	Mémoire.
	4e PARTIE. — FRAIS DE RÉGIE, DE PERCEPTION ET D'EXPLOITATION DES IMPÔTS ET REVENUS PUBLICS.	
3	Personnel des agents des forêts et des préposés	1,051,223f
4	Personnel des préposés indigènes et chaouchs	107,514
5	Indemnités au personnel des forêts	721,280
6	Travaux des forêts	679,000
6*bis*	Récolte des lièges de reproduction	410,000
7	Dépenses diverses du service des forêts	78,390
	Total pour le ministère de l'agriculture (Forêts) . .	3,047,407f
	Ministère des travaux publics.	
	3e PARTIE. — SERVICES GÉNÉRAUX DES MINISTÈRES.	
1	Garanties d'intérêts aux compagnies de chemins de fer algériens . . .	20,000,000f
2	Garanties d'intérêts aux entreprises de tramways	31,000
	Total pour le ministère des travaux publics . . .	20,031,000f
	RÉCAPITULATION	
	3e PARTIE. — SERVICES GÉNÉRAUX DES MINISTÈRES.	
	Ministère des finances	558,750f
	Ministère de la justice	2,622,250
	Ministère de l'intérieur et des cultes. { 1re section. — Intérieur	23,378,018
	{ 2e section. — Cultes	956,370
	Ministère de l'instruction publique et des beaux-arts . . . { 1re section. — Instruction publique.	6,474,074
	{ 2e section. — Beaux-arts	150,000
	Ministère du commerce, de l'industrie, des postes et des télégraphes. { 1re sect. — Commerce et industrie.	Mémoire.
	{ 2e section. — Postes et télégraphes	»
	Ministère de l'agriculture	»
	Ministère des travaux publics	20,031,000
	Total de la 3e partie	54.170,362f
	4e PARTIE. — FRAIS DE RÉGIE, DE PERCEPTION ET D'EXPLOITATION DES IMPÔTS ET REVENUS PUBLICS.	
	Ministère des finances	6,674,581f
	Ministère du commerce, de l'industrie, des postes et des télégraphes. (Postes et télégraphes)	6,117,674
	Ministère de l'agriculture. (Forêts)	3,047,407
	Total de la 4e partie	15,839,662f
	5e PARTIE. — REMBOURSEMENTS ET RESTITUTIONS, NON-VALEURS ET PRIMES.	
	Ministère des finances	783,800f
	Ministère de l'intérieur et des cultes. — 1re section, § 2 (Intérieur)	260,000
	Total de la 5e partie	1,043,800f
	Total général des dépenses de l'exercice 1900 (Algérie) . . .	71,053,824f

Ce qui frappe le plus dans la lecture du tableau qui précède, c'est la place si minime accordée aux dépenses productives et fécondes, la disproportion qui existe entre le chiffre de ces dépenses et celui des dépenses d'entretien. Et cette disproportion est d'autant plus choquante qu'il s'agit, on le sait, d'un pays neuf, en pleine période de développement et accablé, par suite, de besoins de de toutes sortes.

Sur un ensemble de dépenses de 71 millions, il convient de distraire d'abord trois chiffres :

1° Le total des frais de régie, de perception et d'exploitation des revenus publics	15,839,662 fr.
qui doit être normalement accru des frais de la trésorerie d'Algérie figurant au ministère des finances (services généraux des ministères), pour . . .	558,750
2° Le total des remboursements et restitutions, non-valeurs et primes.	1,043,800
3° Le montant des garanties d'intérêts aux compagnies de chemins de fer et tramways	20,031,000
Total	37,473,212 fr.

dont l'ensemble forme à lui seul plus de la moitié du budget algérien. Ces dépenses ne sont certes pas improductives; on peut regretter seulement leur chiffre si proportionnellement élevé.

La presque totalité des autres dépenses consiste, comme il est facile de s'en rendre compte, en dépenses de personnel et de matériel des différents services de la justice, de l'intérieur, des cultes, des beaux-arts, de l'agriculture et des travaux publics et aussi, pour une plus faible part, en dépenses d'entretien des bâtiments, édifices, routes, ports ou mines ressortissant à ces divers services.

C'est à peine si, au service de l'intérieur, sur un ensemble de crédits de 11 millions et demi, les dépenses de la colonisation figurent au chapitre XVIII pour 2,289,050 fr. sur lesquels 1,800,000 fr. à peine seront affectés à la colonisation proprement dite; mais dans l'état actuel, la colonisation officielle n'a plus tant à faire que dans les débuts de l'occupation, et le crédit n'aurait peut-être pas besoin d'être accru dans de larges proportions. Là où l'insuffisance de la dotation apparaît d'une façon péremptoire, c'est en matière de travaux publics, pour les crédits affectés aux travaux neufs, au complément d'outillage dont l'Algérie a tant besoin. Sous la rubrique : *Dépenses extraordinaires,* nous trouvons :

CHAP. LV. — Travaux neufs des routes nationales et des chemins non classés et voies stratégiques de l'Algérie	1,093,000 fr.
CHAP. LVI. — Amélioration des ports en Algérie	1,256,000
CHAP. LVII. — Études et travaux de chemins de fer exécutés par l'État en Algérie	1,200,000
Soit en tout.	3,549,000 fr.

pour faire face à des besoins immenses que tout le monde cependant est unanime à reconnaître.

« Il faut à l'Algérie, a dit Burdeau en 1892, des ressources nouvelles pour compléter le réseau de ses routes et de ses communications postales, pour améliorer par un système de barrages et par des travaux d'assainissement son régime hydraulique; pour refaire et exploiter ses forêts; il lui en faut pour assurer mieux la sécurité publique, la distribution de la justice, la diffusion d'une instruction appropriée parmi les indigènes, la surveillance et la protection du culte musulman. Et ces ressources nécessaires, le budget ne les contient pas. »

Le gouverneur général (M. Lépine), dans le discours qu'il a prononcé à l'ouverture de la session du conseil supérieur de l'Algérie, le 21 mars 1898, a été plus explicite encore :

« Quand on crée un établissement, a-t-il dit, il faut le doter de deux choses : une première mise et un fonds de roulement. Vous avez le fonds de roulement, je veux dire un corps de fonctionnaires, des bureaux, des institutions politiques et administratives pour lesquels la métropole n'a rien ménagé, et vous n'avez rien à lui envier. C'est à son image qu'elle a façonné l'Algérie, et c'est à ce point de vue qu'on a pu dire de ce pays qu'il était le prolongement de la France.

« Mais on a peut-être un peu trop oublié, au début, que l'Algérie était une colonie, c'est-à-dire un pays neuf dépourvu de cet outillage dont les siècles ont fait le patrimoine des vieilles civilisations, et la première mise de fonds a été un peu négligée.

« Les dépenses d'entretien, ce que j'appellerai les frais généraux de l'entreprise, sont allées en augmentant, comme c'était naturel ; les fonds destinés aux dépenses productives et fécondes, le capital d'établissement insuffisant, dès le début, n'a pas suivi cette marche ascendante.

« Cette disproportion, ce manque d'équilibre entre le fonds de premier établissement et le fonds de roulement, qui cause la ruine des entreprises privées, est le vice économique qui enraye la prospérité du pays. »

Et le gouverneur général propose à la suite un programme de mise en valeur de la colonie, mais il avoue ne pas compter sur les seuls crédits budgétaires pour en obtenir la réalisation.

Le budget se solde, en effet, comme nous l'avons vu par un déficit considérable.

Ce déficit semble d'abord se réduire pour l'exercice 1900 à la différence entre le total des crédits alloués à

l'Algérie	71,053,824 fr.
et le total des voies et moyens fixé pour le même exercice à	55,918,711
soit à	15,135,113 fr.

mais si le total des voies et moyens représente bien l'ensemble des recettes perçues en Algérie au profit du Trésor, le total des crédits est loin de représenter la totalité des dépenses de l'Algérie.

Il convient en effet d'ajouter à celles-ci :

Les dépenses de la guerre.	52,126,796 fr.
Une annuité à la Compagnie Paris-Lyon-Méditerranée de.	3,661,032
Les dépenses de la gendarmerie. .	2,652,550
Et les dépenses résultant des pensions civiles qui ne peuvent être exactement évaluées, mais dépassent de beaucoup le chiffre auquel nous nous arrêtons et qui est celui de la recette prévue au même titre pour 1900.	1,054,600
En additionnant avec ces sommes le total des crédits votés (diminué de 240,000 fr. exceptionnellement alloués pour l'Exposition universelle, soit. . .	70,813,824
le total des dépenses algériennes se trouve porté à.	130,308,802 fr.
dépassant le chiffre des recettes. . . .	55,918,711
de	74,390,091 fr.

Mais il ne faut pas s'effrayer outre mesure de ce chiffre élevé, car personne ne songe, croyons-nous, à imposer à l'Algérie, en tout ou en partie, les dépenses militaires qu'exigent sa défense et sa conservation, puisque ces dépenses sont utiles en même temps à la France qui entretient sur le sol algérien son 19e corps d'armée à meilleur compte que chez elle.

Et la situation change absolument d'aspect si l'on considère que parmi les autres dépenses il en est deux, l'annuité à la Compagnie Paris-Lyon-Méditerranée et le crédit affecté aux garanties d'intérêts, ayant un caractère temporaire, appelées à disparaître un jour, et susceptibles de faire l'objet, dès maintenant, d'un compte spécial.

Si l'on n'en tient pas compte, il ne reste plus comme dépenses que :

1° L'ensemble des crédits, ainsi réduit à . . .	50,782,824 fr.
2° Les dépenses de la gendarmerie	2,652,550
3° Les dépenses résultant des pensions civiles .	1,054,600
Soit au total.	54,489,974 fr.
alors que le total des voies et moyens s'élève à. .	55,918,711
La différence	1,428,737 fr.

représentant l'excédent de recettes du budget algérien ainsi établi.

Le budget, malheureusement, ne peut pas être renfermé sans danger dans le cadre actuel, car l'Algérie n'est pas un pays adulte n'ayant plus qu'à pourvoir à ses frais d'entretien. C'est, au contraire, un pays neuf, et il est indispensable à sa prospérité de compléter dans un bref délai son outillage économique. Trouvera-t-elle dans son seul budget les ressources nécessaires? C'est peu probable; mais s'il lui est permis enfin de faire bientôt appel au crédit, elle inspirera plus de confiance si elle possède un budget qui, comme celui de 1900, pourra être considéré, à certains égards, comme en équilibre.

CHAPITRE V

EXAMEN DÉTAILLÉ DES RECETTES

Avant de commencer l'étude du budget des recettes, une remarque s'impose : c'est qu'en Algérie, contrairement à ce qui a lieu en France, où tout ce qui touche à l'impôt est du domaine de la loi, les impôts, taxes et revenus de toute nature sont établis, modifiés ou supprimés en vertu de décrets.

Cette exception est même étendue aux taxes de ville et de police analogues à celles établies en France au profit des communes par la loi du 18 juillet 1837, qui sont, en Algérie, établies par arrêtés du gouverneur général.

Quant aux impôts arabes qui, d'après les articles 1 et 2 de l'ordonnance du 17 janvier 1846, pouvaient être établis, modifiés ou supprimés en vertu d'arrêtés ministériels, il résulte de l'article 4 du sénatus-consulte du 12 avril 1863, que les modifications à introduire à l'assiette où à la quotité de ces impôts ne peuvent être réalisées que par un décret rendu en la forme des règlements d'administration publique.

Conformément au vœu de la délégation financière des non-colons tendant à ce qu'il ne soit établi aucun impôt nouveau avant la création d'un budget spécial (séance du 19 décembre 1898), les prévisions de recettes n'ont subi, pour cette année, aucune augmentation provoquée par l'institution d'une charge nouvelle.

Le tableau des voies et moyens de l'exercice 1900, tel qu'il vient d'être établi par la loi de finances, s'élève, pour l'Algérie, à 55,918,711 fr. Nous le reproduisons pour servir à l'étude détaillée des recettes.

ÉTAT E.

Tableau des voies et moyens de l'exercice 1900 (Algérie).

DÉSIGNATION DES PRODUITS.	MONTANT des RECETTES prévues.
§ 1er — Impôts et revenus.	
1° CONTRIBUTIONS DIRECTES, TAXES Y ASSIMILÉES ET CONTRIBUTIONS ARABES.	
Contributions directes.	
Contribution foncière sur les propriétés bâties	1,903,843f
Contribution des patentes	1,820,640
Total	3,724,483f
Taxes assimilées aux contributions directes.	
Redevances des mines	36,257f
Droits de vérification des poids et mesures	165,298
Droits de visite des pharmacies et magasins de drogueries	18,106
Taxe militaire	1,324
Total	220,985f
Contributions arabes (principal et centimes d'État).	
Hockor	409,635f
Zekkat	2,458,522
Achour	2,353,762
Lezma	951,669
Centimes d'État	709,892
Dixième du principal attribué aux chefs collecteurs	1,311,383
Total	8,189,863f
2° PRODUITS DE L'ENREGISTREMENT.	
Mutations à titre onéreux :	
Meubles. — Valeurs mobilières	52,500f
Meubles. — Créances, rentes, prix d'office	42,000
Meubles. — Fonds de commerce	45,000
Meubles corporels	102,500
Immeubles et droits immobiliers	2,016,000
Mutations à titre gratuit. — Entre vifs (Donations)	88,000
Autres conventions et actes civils, administratifs et de l'état civil	920,000
Actes judiciaires et extrajudiciaires	542,500
Hypothèques	59,000
Pénalités (Droits et demi-droits en sus), amendes	57,000
Recettes diverses	17,500
Total	3,942,000f

DÉSIGNATION DES PRODUITS.	MONTANT des RECETTES prévues.
3° PRODUITS DU TIMBRE.	
Actes et écrits assujettis au timbre de dimension	2,317,000 f
Affiches sur papier	40,000
Affiches peintes	2,000
Bordereaux des courtiers et agents de change	»
Contrats d'assurances	3,500
Contrats de transports	564,900
Contrôle des marques de fabrique	»
Passeports	500
Permis de chasse	169,500
Quittances et chèques	522,500
Effets négociables et non négociables, billets de banque, warrants, etc.	517,500
Valeurs mobilières	86,000
Pénalités (Amendes de contravention)	23,500
Recettes diverses	»
Total	4,246,900 f
4° TAXE SUR LE REVENU DES VALEURS MOBILIÈRES, ETC.	
Revenus des valeurs mobilières	189,000 f
Revenus de certaines associations	14,500
Pénalités	1,500
Recettes diverses	500
Total	205,500 f
5° PRODUITS DES DOUANES.	
Droits de douane	6,669,000 f
Sucres de toute nature	5,748,000
Droits de statistique	183,000
Droits de navigation	230,000
Autres droits et recettes accessoires	518,500
Amendes et confiscations	76,500
Total	13,425,000 f
6° PRODUITS DES CONTRIBUTIONS DIVERSES.	
Droits sur les alcools	4,839,600 f
Droits de licence sur la fabrication et la vente des boissons	1,475,700
Droits de licence sur la fabrication et la vente des tabacs	227,300
Droits divers et recettes à différents titres :	
Droits de garantie des matières d'or et d'argent	80,500
Timbres des expéditions et quittances	21,300
Frais de poursuites	51,800
Prélèvement pour remboursement des frais de perception des taxes intérieures de l'octroi de mer	68,100
Amendes et confiscations (Produits à répartir)	71,400
Recettes diverses non dénommées ci-dessus	28,100
Total	6,863,800 f
Total du paragraphe 1er	40,818,531 f
§ 2. — Produits de monopoles et exploitations industrielles de l'État.	
1° PRODUITS RECOUVRÉS PAR LES RECEVEURS DES CONTRIBUTIONS DIVERSES.	
Produit de la vente des tabacs des manufactures de France	255,600 f
Produit de la vente des poudres à feu	542,300
Total	797,900 f

DÉSIGNATION DES PRODUITS.	MONTANT des RECETTES prévues.
2° PRODUITS DES POSTES, DES TÉLÉGRAPHES ET DES TÉLÉPHONES.	
Produits des postes.	
Produit net des taxes des correspondances postales	2,845,700f
Droits perçus sur les mandats français et internationaux	348,800
Droits perçus sur les bons de poste	3,700
Recettes diverses et accidentelles	4,700
Total	3,202,900f
Produits des télégraphes.	
Produit net des taxes des correspondances télégraphiques	1,407,500f
Remboursement par divers établissements du traitement d'agents du service postal et télégraphique	»
Contributions pour droit d'usage et frais d'entretien des lignes télégraphiques et téléphoniques d'intérêt privé	15,300
Recettes diverses et accidentelles	40,400
Total	1,463,200f
Produits des téléphones.	
Produits des conversations téléphoniques	8,900f
Produit des abonnements urbains et interurbains	110,000
Produit des abonnements pour la transmission des télégrammes par le téléphone	100
Recettes diverses et accidentelles	600
Total	119,600f
Total des produits des postes, des télégraphes et des téléphones	4,785,700f
Total du paragraphe 2	5,583,600f
§ 3. — Produits et revenus du domaine de l'État.	
1° PRODUITS DU DOMAINE AUTRES QUE CEUX DU DOMAINE FORESTIER.	
Produits du domaine autres que ceux des forêts	846,300f
Produits des biens des corporations	5,700
Recouvrements de rentes et créances	64,500
Produit de l'exploitation des établissements régis ou affermés par l'État	104,400
Redevances pour concessions de chutes d'eau	34,900
Aliénations d'objets mobiliers	252,800
Produit de la vente d'immeubles affecté à la réorganisation des services militaires en Algérie	500,000
Aliénations d'immeubles	765,900
Successions en déshérence	93,000
Épaves et biens vacants	30,000
Total	2,697,500f
2° PRODUITS DES FORÊTS.	
Produits encaissés par les receveurs des domaines. — Coupes ordinaires et extraordinaires, ventes de lièges, etc.	2,187,500f
Produits réglés par virement de comptes	»
Total	2,187,500f
Total du paragraphe 3	4,885,000f

DÉSIGNATION DES PRODUITS.	MONTANT des RECETTES prévues.
§ 4. — Produits divers du budget.	
Produit de la taxe des brevets d'invention en Algérie	6,220 f
Revenus et produits accidentels spéciaux à l'Algérie	93,290
Remboursement des frais de contrôle et de surveillance des chemins de fer en Algérie	285,860
Produit du travail des détenus dans les ateliers et pénitenciers militaires en Algérie	265,600
Produit des maisons centrales de force et de correction en Algérie	375,000
Droit d'extraction des phosphates	200,000
Total du paragraphe 4	1,225,970 f
§ 5. — Ressources exceptionnelles. (Néant.)	
§ 6. — Recettes d'ordre.	
1° RECETTES EN ATTÉNUATION DE DÉPENSES.	
Produits universitaires en Algérie	133,210 f
Produits des amendes et condamnations pécuniaires en Algérie	606,000
Retenues et autres produits perçus en exécution de la loi du 9 juin 1853 sur les pensions civiles en Algérie	1,054,600
Pensions et trousseaux des élèves des écoles du Gouvernement. — École d'arts et métiers de Dellys	4,000
Prélèvement du sixième du produit de l'octroi de mer en Algérie	1,073,000
Part contributive des communes dans les dépenses du service médical de colonisation	68,800
Remboursement par les communes des frais de traitement des malades dans les hôpitaux militaires	400,000
Frais de traitement dus par les malades aisés reçus dans les hôpitaux en Algérie	54,000
Remboursements d'avances par les hospices civils	12,000
2° RECETTES D'ORDRE PROPREMENT DITES.	
Fonds de concours pour dépenses d'intérêt public	Mémoire.
Total du paragraphe 6	3,405,610 f
RÉCAPITULATION.	
§ 1er. — Impôts et revenus	40,818,531 f
§ 2. — Produits de monopoles et exploitations industrielles de l'État	5,583,600
§ 3. — Produits et revenus du domaine de l'État	4,885,000
§ 4. — Produits divers du budget	1,225,970
§ 5. — Ressources exceptionnelles	»
§ 6. — Recettes d'ordre	3,405,610
Total général des voies et moyens de l'exercice 190 (Algérie)	55,918,711 f

Le système d'impôts étant, en Algérie, pour la plus large part, la reproduction du système français et l'assimilation fiscale (en ne tenant pas compte, bien entendu, des contributions arabes), se faisant de jour en jour plus complète, il convient de rechercher quelles sont encore, à l'heure actuelle, les exemptions fiscales de l'Algérie par rapport à la France. Puis, tenant compte de l'état de développement de la richesse dans la colonie, on sera à même d'apprécier si de nouvelles taxes y peuvent être imposées sans danger. Nous suivrons, dans cette étude des recettes, l'ordre même du budget.

§ 1er. — Impôts et revenus.

1° *Contributions directes, taxes assimilées et contributions arabes.*

Comme la métropole, l'Algérie est soumise, mais depuis 1885 seulement (loi du 23 décembre 1884), à la contribution foncière sur les propriétés bâties. Le tarif est le même qu'en France et la seule différence consiste en ce que les constructions nouvelles sont exemptes d'impôt pendant cinq ans.

Mais la contribution foncière sur les propriétés non bâties n'existe pas en Algérie, au moins pour les terres possédées par des Européens, car les indigènes continuent à payer les taxes auxquelles ils étaient assujettis avant la conquête. On a fait valoir, en faveur de cette exemption, l'intérêt de la colonisation, mais cette raison, valable lorsque dans les débuts la terre privée de colons était encore en friche, ne l'est plus aujourd'hui. Il est donc permis d'espérer qu'on pourra bientôt, grâce au développement de la production, trouver, dans l'établissement d'un impôt foncier (d'abord très minime) sur les terres possédées par des Européens, de nouvelles ressources pour la colonie.

La contribution personnelle-mobilière n'existe pas en Algérie; elle est remplacée, dans les villes, par une taxe sur les loyers dont le produit appartient aux budgets communaux. La contribution des portes et fenêtres n'existe pas non plus, mais cet impôt est si discutable et son produit serait si faible, que nous préférons n'en pas faire état pour l'avenir.

La contribution des patentes est la même que dans la métropole, mais, lorsqu'il y a lieu à la perception de droits proportionnels, ils sont réduits de moitié, faveur que justifie suffisamment la cherté des loyers algériens. En outre, lorsque des musulmans figurent au tableau A, ils sont imposés comme appartenant à la classe immédiatement inférieure à celle dans laquelle ils figureraient s'ils étaient Européens; dans les villes, cette exemption n'est peut-être pas très justifiée. Dix centimes par franc, au lieu de huit en France, du principal des patentes sont attribués aux communes; enfin, dans le calcul de la population, les indigènes musulmans sont comptés pour un tiers de leur nombre.

Les taxes assimilées sont au nombre de quatre seulement en Algérie :

La redevance des mines;

Le droit de vérification des poids et mesures;

Le droit de visite des pharmacies et drogueries;

La taxe militaire.

Pour toutes les autres, l'exemption est totale. Il convient de citer:

La taxe des biens de mainmorte, qui ne peut exister en Algérie, puisqu'elle est représentative des droits de mutations par décès et que ces droits n'y ont pas été établis;

Le droit de vérification des alcoomètres ;

Le droit d'inspection des fabriques et dépôts d'eaux minérales ;

La contribution sur les chevaux, voitures, mules et mulets, qui serait de beaucoup la plus productive, mais n'a pas été établie en Algérie pour cette raison, somme toute admissible, qu'on ne doit pas imposer les objets de première nécessité ;

La taxe sur les vélocipèdes ;

La taxe sur les billards ;

La taxe sur les cercles,

qui constituent pour finir trois exemptions assez injustifiables.

Contributions arabes. — Les indigènes sont actuellement soumis aux différents impôts suivants :

L'achour ;

Le zekkat ;

Le hockor ;

La lezma de la Grande-Kabylie ;

La lezma des palmiers ;

La lezma des feux ;

La lezma fixe.

Les deux premiers de ces impôts ont seuls un caractère général et sont établis suivant des règles sensiblement uniformes sur tout le territoire de l'Algérie. Les autres sont spéciaux à des régions déterminées. L'impôt achour représente, en principe, un dixième du produit de la récolte. Il est établi dans les départements d'Alger et d'Oran, en raison de la surface cultivée[1] et de la qualité de la récolte, suivant les tarifs de conversion en argent

1. La charrue, unité de surface, représente en moyenne dix hectares.

fixés chaque année par le gouverneur général. Dans le département de Constantine, l'achour est basé sur la charrue, considérée comme instrument aratoire et non comme mesure de superficie, et sans qu'il y ait lieu de se préoccuper de la qualité de la récolte. Le tarif est fixé chaque année par le gouverneur général; il varie, suivant les régions, de 25 fr. à 3 fr.

Le zekkat frappe les chameaux, les bœufs, les moutons et les chevaux. Les tarifs de conversion en argent sont actuellement fixés par le gouverneur général à 4 fr., 3 fr., 0 fr. 20 c., 0 fr. 25 c.

Le hockor, qui n'existe que dans le département de Constantine, représente le loyer des terres dites *azel* ou *arch*, sur lesquelles la tribu n'a qu'un droit de jouissance. La base est la charrue considérée comme instrument aratoire; le tarif varie entre 20 fr. et 10 fr.

La lezma de la Grande-Kabylie, créée en 1858, est un impôt de capitation dont sont exempts les indigènes payant le zekkat et l'achour. Les hommes susceptibles de porter les armes sont divisés en trois catégories dont la première, celle des indigents, ne paye rien et les autres : 5 fr., 10 fr., 15 fr., 30 fr., 50 fr. et 100 fr.

Dans les communes où existe la lezma des palmiers, cette redevance est fixée chaque année par le gouverneur général et varie de 0 fr. 25 c. à 0 fr. 50 c. suivant les régions.

La lezma des feux est perçue dans quatre communes seulement ; c'est à la fois un impôt de quotité (tarif de 20 fr. ou 22 fr. 50 c. par feu) et un impôt de répartition, puisque le contingent de chaque commune est fixé à l'avance. Sous le nom de lezma fixe, enfin, on impose à quelques territoires le paiement de sommes fixes.

Dans les communes de plein exercice, le principal de l'impôt arabe est, en vertu du décret du 22 octobre 1875, partagé par moitié entre l'État et le département.

Dans les communes mixtes et indigènes, les chefs collecteurs reçoivent, par application des dispositions de l'article 3 de l'ordonnance du 17 janvier 1845, et de la décision gouvernementale du 8 juillet 1890, un dixième du principal de l'impôt arabe. Il reste, après ce prélèvement, un principal net dont les cinq dixièmes sont attribués à l'État et les cinq dixièmes au département.

Le produit des contributions arabes, telles que nous venons de les décrire, est accru par la perception de centimes additionnels. Sans parler des centimes communaux, au nombre de douze, les centimes d'État comprennent : les centimes ordinaires généraux, fixés annuellement par la loi de finances et les centimes extraordinaires autorisés par la loi du 17 décembre 1890 pour faire face aux opérations de délimitation des territoires des tribus, de constitution de la propriété individuelle indigène et de levés de plans. Bien que ce service n'existe plus, l'État n'en continue pas moins à percevoir les centimes en remboursement d'une avance consentie en 1895. Il convient de signaler que, dans les communes de plein exercice (sauf en Grande-Kabylie où il y a cumul), les centimes communaux et les centimes généraux sont remplacés par les taxes sur les loyers et sur les chiens.

On a signalé depuis longtemps la grande inégalité qui préside à l'assiette des différents impôts arabes et leur rendement si variable. Ils pèsent assez lourdement sur les indigènes pour qu'on souhaite plutôt d'en voir diminuer le poids qu'accroître la charge.

2° Produits de l'enregistrement.

Il n'existe pas encore en Algérie de droits d'enregistrement sur les mutations par décès. Ils ne sauraient être applicables aux musulmans, habitués au régime de la propriété collective, sans des complications ou des abus intolérables. Quant aux Européens, la question a déjà été posée et le projet de loi, actuellement au Sénat, sur la réforme de l'impôt des successions tend à appliquer à l'Algérie ces nouvelles charges. Cette réforme, que la Chambre vient cependant de disjoindre de la loi de finances de l'exercice 1900, semble appelée à une réalisation prochaine; elle procurera au budget une ressource notable.

Le droit sur les locations verbales n'a pas été établi en Algérie, mais les autres droits d'enregistrement et d'hypothèques perçus en France y sont également imposés. Toutefois, le tarif y est réduit de moitié par rapport à la France; cependant, ces droits semblent encore trop élevés dans un pays où la propriété change continuellement de mains. Joints au timbre du contrat et aux honoraires beaucoup trop élevés des officiers ministériels, ils atteignent un taux véritablement considérable et nuisent incontestablement à la facilité des transactions. Or, on sait que les charges d'officiers ministériels sont, en Algérie, données à la faveur et non transmissibles comme en France. On a même vu dans l'établissement de la vénalité une ressource pour le Trésor que M. Lépine, gouverneur général, évaluait en 1898 à près de 25 millions. Mais cette ressource serait d'une réalisation difficile, portant sur nombre d'années. Il semblerait préférable de voir le

Trésor imposer aux officiers ministériels, qu'il confirmerait dans leurs fonctions, une réduction importante de leurs tarifs dont bénéficierait l'ensemble des colons.

Les droits d'enregistrement ne sont augmentés, en Algérie, que d'un seul décime, perçu d'abord au profit de l'assistance hospitalière[1], puis confondu, depuis 1893, avec les recettes générales du Trésor.

Seuls les droits de timbre (mais augmentés d'un seul décime) et la taxe de 4 p. 100 sur le revenu des valeurs mobilières sont perçus en Algérie comme en France.

5° *Produits des douanes.*

Le régime douanier appliqué à l'Algérie est à peu près identique au régime français :

En ce qui concerne les importations de France :

Les produits naturels ou fabriqués originaires de France (à l'exception des sucres), et les produits nationalisés dans la métropole par le paiement des droits sont admis en franchise, à condition d'être importés directement.

Les importations de l'étranger, à l'exception de certains produits (sucres, café, girofle, poivre, etc...), sont soumises aux mêmes droits qu'en France.

En ce qui concerne les exportations de l'Algérie, soit en France, soit à l'étranger, le régime est le même qu'à l'exportation de la métropole. Il convient cependant de signaler un droit de 0 fr. 50 c. par tonne de phosphate de chaux expédiée.

1. Loi du 29 juillet 1882.

Les produits, naturels ou fabriqués, originaires de l'Algérie sont admis en France en franchise.

Les droits de statistique sont les mêmes en Algérie qu'en France; les droits de quai également, mais ces derniers depuis le décret du 20 mars 1898, ne sont perçus que sur les marchandises, passagers, etc., débarqués.

Il y a cependant deux petites particularités à signaler dans le régime douanier algérien; c'est, d'une part, l'importation en franchise, par les voies terrestres, des produits naturels de la Tunisie, du Maroc et du Sud de l'Afrique; de l'autre, la faculté de transit à travers l'Algérie (ports francs et postes de douanes) accordée, par le décret du 17 décembre 1896, à certaines marchandises destinées aux relations commerciales avec le Sud et l'Ouest.

6° Produits des contributions diverses.

Le plus important des impôts indirects perçus en Algérie par le service des contributions diverses est le droit sur les alcools qui, par son taux élevé, suscite de nombreuses réclamations. Les agriculteurs demandent le même régime qu'en France au point de vue des bouilleurs de cru et se plaignent surtout de la concurrence qui leur est faite par l'entrée en fraude, sur le territoire algérien, de quantités considérables d'alcool. Le remède n'est peut-être pas dans un dégrèvement (les autres boissons étant à peine imposées en Algérie), mais dans l'application en Tunisie d'un droit équivalent, ce qui aurait pour effet de limiter singulièrement la fraude.

L'Algérie est imposée à des droits de licence sur la fabrication et la vente des boissons; ces droits plus élevés qu'en France, surtout depuis la loi du 28 avril 1893, représentent en quelque sorte les droits de détail et de consommation. Car l'Algérie, et la faveur est appréciable, ne supporte aucun droit sur les boissons hygiéniques.

Elle bénéficie également d'une exemption totale de droits sur :

Les sels,

Les sucres,

Les allumettes,

Les huiles,

Les bougies,

Les vinaigres,

Les transports,

Les cartes à jouer.

Elle est imposée aux droits de garantie sur les matières d'or et d'argent, mais elle supporte un tarif réduit, ainsi que sur les droits divers et sur les divers timbres.

Sans aucun doute, le jour où les Algériens seront intéressés à leurs affaires, ils consentiront à l'imposition de nouvelles taxes indirectes qui leur procureront de nouvelles ressources.

§ 2. — Produits de monopoles et exploitations industrielles de l'État.

Sous ce titre figurent en première ligne les produits de la vente, par les receveurs des contributions diverses, des tabacs des manufactures de France et des poudres à feu. Le prix de vente des tabacs est inférieur d'environ 30 p. 100 au prix perçu en France, car l'État doit faire face à la concurrence, le monopole des tabacs n'existant pas en Algérie. En fait même, le tabac n'y est pas imposé ;

il ne donne lieu, comme les boissons, qu'à la perception d'un droit de licence sur la fabrication et la vente.

Les produits des postes, télégraphes et téléphones qui figurent ensuite sur l'état budgétaire sont analogues à ceux perçus en France et ne donnent lieu à aucune remarque.

§ 3. — Produits et revenus du domaine de l'État.

Les forêts représentent le chiffre le plus important des revenus domaniaux et leurs produits s'élèvent pour 1900 à 2,187,500 fr., mais ils sont encore inférieurs d'environ 800,000 fr. aux dépenses correspondantes. Cette différence représente pourtant un progrès très sensible sur les années précédentes, mais il est permis d'espérer mieux. Voici ce que disait à ce sujet M. Le Moigne dans son rapport sur le budget de 1899 : « L'Administration estime que dans un avenir qui n'est pas très éloigné, les recettes atteindront 5 millions. Il y a là une précieuse ressource pour la colonie ; elle pourra être accrue si l'on s'attache à éviter les frais inutiles et les tracasseries envers les indigènes qui s'en vengent trop bien par l'incendie. Malheureusement, l'absence des moyens de transport paralysera pendant longtemps l'exploitation des forêts. La nature, d'ailleurs, en privant l'Algérie de rivières flottables, ne l'a guère favorisée à ce point de vue. »

Au paragraphe 4 « Produits divers du budget », il convient de signaler enfin une autre ressource destinée également à s'accroître. C'est celle qui provient des phosphates. La recette, pour 1899, était déjà de 200,000 fr. comprenant 150,000 fr. à provenir du droit de 0 fr. 50 c. par tonne de phosphate de chaux extrait et non employé en Algérie, et 50,000 fr. au maximum représentant la part de l'État dans le produit des redevances de l'exploitation des gisements de phosphates de chaux qui seront adjugés dans les formes tracées par le décret du 25 mars 1898. Pour 1900 la recette est évaluée également à 200,000 fr. C'est là une ressource latente que l'Algérie saura bien faire valoir le jour où elle pourra en bénéficier elle-même.

Le tableau des voies et moyens est complété par le paragraphe 6, recettes d'ordre en atténuation de dépenses sur lesquelles il n'y a rien à dire.

De l'étude que nous venons de faire, il résulte que l'Algérie bénéficie encore, par rapport à la France, d'assez importantes exemptions fiscales. Ces exemptions ont été longtemps justifiées, et elles le sont encore aujourd'hui, dans une large mesure, par la nécessité de ménager la richesse publique imparfaitement assise. Car, l'accroissement des charges fiscales doit suivre et non précéder le développement de la richesse.

M. Burdeau, se basant sur une étude faite par les régies financières, estimait en 1892 que l'Algérie payait, par rapport à ce que paye, à valeur égale, la métropole :

En matière de contributions directes . . .	61 p. 100
— de douanes	37 —
— d'enregistrement	31 —
— de contributions indirectes . .	30 —

et il en concluait qu'il y avait là une ressource de plus de 28 millions, l'assimilation devant produire :

Contributions directes	3,209,463 fr.
Contributions indirectes	7,729,300
Douanes	9,532,378
Enregistrement	7,873,583
Total	28,344,724 fr.

Ces chiffres ne sont plus exacts aujourd'hui, car il a déjà été fait état de partie de ces ressources et ce qui reste ne semble pas pouvoir être imposé dès maintenant ; c'est une réserve pour le jour où l'Algérie sera maîtresse de ses revenus et intéressée par suite à les accroître. D'ici là, le seul développement naturel des taxes existantes (il a été notable ces dernières années) pourra permettre un accroissement des recettes algériennes ; c'est le vœu unanime de l'Algérie, tel qu'il a été formulé récemment par les délégations financières demandant qu'aucune taxe nouvelle ne soit imposée avant l'établissement d'un budget spécial.

Et ce vœu, il ne faut pas craindre de le dire, semble assez légitime si l'on tient compte des charges qui pèsent sur les contribuables algériens, et que M. Burdeau évaluait en 1892, mais pour les Européens seulement, aux 6/10 des charges incombant à un habitant de la France. Or, au nombre des Européens figurent environ pour moitié les Français et pour moitié les étrangers non naturalisés ; ces derniers, occupant le plus souvent des situations inférieures, leurs facultés contributives peuvent être estimées au-dessous de celles des Français ; ceux-ci se trouvent par suite payer un chiffre d'impôts qui n'est pas très inférieur au chiffre payé dans la métropole.

Une commission chargée d'étudier les charges fiscales algériennes, ainsi que le rapport qui existe à ce sujet entre Européens et indigènes avait été instituée en 1897 sous la présidence de M. Bouvagnet, conseiller de gouvernement ; le rapport de M. de Saligny, inspecteur des finances, a été publié en mars 1898. Tout en constatant, dit ce rapport, que les indigènes supportent, en ce qui concerne les contributions directes, les trois quarts environ de la charge totale, parce qu'ils sont beaucoup plus nombreux que les Européens, la commission a été amenée cependant, par diverses observations, à formuler cette opinion : « Peut-être ne serait-on pas très éloigné de la vérité en disant que des charges fiscales de l'Algérie (y compris les charges départementales et communales), moitié incombe aux Européens, et l'autre moitié aux indigènes. »

Or, d'après le dernier recensement, la population de la colonie comprenant 3,781,098 indigènes et 578,480 Européens ou israélites, il résulte des calculs faits (d'après les résultats de 1895), que l'impôt serait d'environ 10 fr. 32 c. par tête pour les indigènes et de 67 fr. 25 c. pour les Européens. Mais, ici encore, il faut distinguer, parmi les Européens, les Français et les étrangers qui sont à peu près en nombre égal ; la part contributive de ces derniers ne pouvant pas, pour les raisons énumérées plus haut, être évaluée à plus de 40 fr., celle des Français ressort à près de 100 fr.

Elle est, certes, susceptible de s'accroître encore, et subira l'augmentation normale qui résulte du développement de la prospérité, mais il serait téméraire d'en vouloir d'un seul coup étendre d'une façon exagérée les limites, sous prétexte, soit de restreindre les sacrifices de la métropole, soit de permettre à l'Algérie de compléter lentement un outillage pour la création duquel elle peut trouver ailleurs et d'un seul coup des ressources plus appropriées et moins aléatoires à la fois.

CHAPITRE VI

NÉCESSITÉ DE L'EMPRUNT

Il y a bien longtemps qu'on a proclamé pour la première fois l'importance des besoins de l'Algérie et l'insuffisance des crédits destinés à y pourvoir; mais de tout temps on s'est heurté à la même difficulté, la pénurie budgétaire et l'impossibilité pour l'Algérie de se créer des ressources propres lui permettant de mettre en valeur ses richesses inexploitées. On s'est entêté à vouloir exécuter sur les seuls fonds du budget ordinaire tous les travaux publics d'un pays aussi grand que la France, et on a adopté la politique des petits crédits; chaque année on a employé des crédits minimes, toujours insuffisants, à commencer des travaux qu'on devait interrompre faute de fonds les années suivantes; et les sommes ainsi gaspillées se chiffrent par millions.

L'idée n'a pu prévaloir, jusqu'à ces derniers temps, que l'Algérie eût une politique budgétaire différente de celle de la métropole. Combien pourtant les situations sont différentes: la France, vieux pays, doté depuis longtemps de tout son outillage, chargé d'une dette très lourde, n'a plus aujourd'hui qu'une préoccupation, c'est d'économiser, d'amortir autant que possible ses dettes, ou tout au moins de ne plus les augmenter. L'Algérie, au contraire, pays nouveau, n'a point de dettes et a des besoins de toutes sortes ; elle doit être logiquement amenée à emprunter.

Nombre de bons esprits ont signalé depuis longtemps cette nécessité de l'emprunt, montré que l'espoir était chimérique d'arriver à la création d'un outillage immense au moyen des seules plus-values budgétaires. Ils n'ont pu triompher jusqu'ici de l'indifférence des pouvoirs publics craignant d'engager la métropole dans la garantie d'un emprunt algérien.

Le général de Chabaud-Latour calculant, en 1853, le réseau des routes dès ce moment nécessaires, et tenant compte de la faible somme affectée annuellement à ce service, établissait qu'il faudrait cent quarante années pour terminer ce réseau, et il arrivait, conclusion logique, après avoir poursuivi le même raisonnement pour les autres travaux urgents, à demander un gros emprunt.

Depuis cette époque, la plupart des gouverneurs généraux ont abouti aux mêmes constatations et, tour à tour, qu'ils fussent partisans ou non de l'autonomie budgétaire, ils ont reconnu la nécessité de l'emprunt. Et il est bien difficile d'être d'un avis différent si, étudiant les programmes successifs de mise en valeur de la colonie, on calcule, au train annuel du budget, le temps nécessaire à leur réalisation. M. Tirman, en présentant au conseil supérieur son programme de 1891, estimait qu'il ne pourrait être réalisé avant plusieurs siècles. M. Burdeau lui-même, qui pourtant était hostile à tout emprunt algérien, sous prétexte que ce ne serait au fond que des engagements de la France, M. Burdeau reconnaissait, dans son rapport de 1892, qu'il faudrait deux siècles et demi pour compléter le réseau des routes algériennes. Et pour concilier ces deux opinions quelque peu divergentes : « Il vaut mieux à l'Algérie, disait-il, des ressources régulièrement croissantes et un développement progressivement accéléré des travaux neufs, et même des autres services publics, qu'une brusque consommation de capitaux, à laquelle succéderait un arrêt non moins brusque. »

On connaît les résultats de cette politique : depuis 1892, les besoins des services publics ont continué à grandir, en raison même du développement de la colonie, avec une rapidité qui n'est pas égalée, tant s'en faut, par une augmentation correspondante des crédits destinés à y pourvoir. Et l'Algérie continue à manquer d'un outillage économique indispensable ; son développement se trouve entravé, son avenir peut-être compromis.

Depuis cette époque, des programmes d'emprunts ont été justement formulés par les gouverneurs généraux qui se sont succédé à Alger. M. Cambon, M. Lépine, ont formellement reconnu qu'il était impossible de faire face aux nécessités actuelles avec les seules ressources ordinaires de la colonie. M. Laferrière, en faisant nettement connaître son opinion personnelle, a soumis la question à l'examen des délégations financières.

« La nécessité d'un appel au crédit est aujourd'hui reconnue, dit-il [1], par tous ceux qui veulent bien s'intéresser à l'avenir de l'Algérie. Cette nécessité résulte de la disproportion qu'il y a entre les besoins constatés et les crédits annuels que la métropole peut y affecter, quel que soit d'ailleurs son désir de seconder nos efforts. Si

1. Discours du gouverneur général à l'ouverture de la session des délégations financières, 6 août 1899.

l'on compare, en effet, ces crédits avec les dépenses qu'exige l'achèvement de cet outillage, dépenses que j'ai fait évaluer d'après un programme de travaux déjà prévu et étudié par les services compétents, on voit qu'il faudrait près d'un siècle pour réaliser ce programme.

« Nos routes nationales, par exemple, ont 550 kilomètres de lacunes dont l'exécution coûterait 16 millions et demi; les chemins non classés sollicités par les assemblées locales et par les populations représentent 1,563 kilomètres de voies principales et 3,600 kilomètres de voies secondaires devant coûter 46 millions. Nous sommes donc en présence, rien que pour cet ensemble de voies de terre, d'une dépense de 63 millions.

« Les chemins de fer prévus et déjà partiellement étudiés présentent un développement de 1,149 kilomètres pour les lignes d'intérêt général et de 953 kilomètres pour les lignes d'intérêt local et les tramways, c'est-à-dire un capital de plus de 180 millions que des compagnies concessionnaires auraient à fournir, mais auquel correspondrait de la part de l'Algérie une annuité de plusieurs millions.

« D'après les mêmes études préparatoires, 25 millions seraient à prévoir pour le bon aménagement des ports, auquel concourraient d'ailleurs les chambres de commerce, et 30 millions pour les travaux d'hydraulique agricole, — barrages, canaux d'irrigation, puits artésiens, rhdirs, — qui peuvent seuls féconder de vastes parties du territoire algérien.

« Nous voilà loin, Messieurs, du chiffre de 100 millions auquel la prudence conseille de limiter un premier emprunt, et il ne serait pas difficile d'atteindre le chiffre de 300 millions qu'un honorable orateur a indiqué devant la Chambre sans soulever de protestation.....

« C'est pourquoi il m'a paru utile de soumettre à votre examen l'ensemble de ces prévisions, afin que vous puissiez, dès à présent, étudier, sinon un programme d'exécution, du moins un premier classement des travaux d'après leur degré d'importance et d'urgence, ainsi que la répartition à faire entre eux d'un capital-emprunt de 100 millions, et la distinction à établir entre ceux qui seraient payés ou simplement subventionnés par la colonie. »

La question ainsi soumise par le gouverneur général à l'examen des délégations financières, puis de la réunion plénière, était formulée : « Esquisse d'un programme d'emploi d'un emprunt de 100 millions destiné à compléter l'outillage économique de la colonie (routes, chemins de fer, travaux hydrauliques, ports, etc.....). »

Après délibérations, les délégations, adoptant le rapport présenté au nom de la délégation des colons par M. Deloupy, ont établi entre les différentes catégories de travaux le classement suivant :

1° Hydraulique agricole (redevance à payer par les usagers) ;

2° Chemins de pénétration (vœu que les routes nationales soient remises à la voirie départementale) ;

3° Centres de colonisation ;

4° Ports ;

5° Forêts ;

Quant à la question même de la nécessité de l'emprunt, elle n'a pas donné lieu à l'ombre d'une discussion.

Tout le monde semble donc aujourd'hui d'accord sur le principe même d'un emprunt algérien. Mais où trouver les gages de cet emprunt ? Voilà la difficulté qui retarde depuis longtemps sa réalisation.

La France, en effet, ne veut pas emprunter au lieu et

place de l'Algérie, car elle se trouve chargée déjà d'une dette considérable, et elle estime, d'autre part, que ses sacrifices en faveur de sa colonie doivent enfin approcher de leur terme. Elle ne veut pas non plus garantir un emprunt que l'Algérie réaliserait elle-même, car sa colonie, n'ayant pas de personnalité propre, pouvant tout au plus, avec autorisation de la métropole, affecter au service de son emprunt ses excédents de recettes, emprunterait dans des conditions très désavantageuses, pour recourir ensuite aux subventions de la mère patrie.

Les deux questions de la personnalité financière de l'Algérie et de la possibilité d'un emprunt sont donc intimement liées, et le budget spécial apparaît à la fois comme un but et un moyen; c'est par lui seul que l'on peut arriver à constituer le gage d'un emprunt.

Il nous reste donc à étudier ce que peut être en dépenses et en recettes le budget spécial depuis si longtemps attendu par l'Algérie; nous verrons les différentes formes sous lesquelles il a été présenté, les difficultés qui ont retardé jusqu'ici son établissement et nous tâcherons de démontrer qu'il est aujourd'hui, suivant le vœu récent de la Chambre des députés, facilement réalisable.

CONCLUSION

LE BUDGET SPÉCIAL

L'idée de doter l'Algérie d'un budget spécial n'est pas nouvelle; elle est née de la nécessité de trouver des ressources pour la mise en valeur de richesses que les faibles crédits budgétaires ne permettaient pas d'exploiter, elle s'est affirmée avec le développement de la colonie, et elle est arrivée aujourd'hui à maturité, au moment où l'Algérie, parvenue à un certain degré de force et d'éducation économique, va pouvoir échapper enfin à une tutelle financière trop étroite.

Dès 1854, le maréchal Randon avait proposé la reconstitution du régime financier algérien. Son projet établissait nettement la distinction entre les recettes et les dépenses du Trésor et les recettes et les dépenses propres à l'Algérie. L'idée fondamentale de ce projet fut reprise, en 1861, par le maréchal Pélissier; le ministère des finances la repoussa d'abord, puis, en 1862, il donna une adhésion de principe à la création du budget local de l'Algérie. On s'en tint là jusqu'en mai 1869, époque à laquelle une commission spéciale de dix membres fut chargée par l'empereur d'élaborer un projet de constitution pour l'Algérie. Cette commission était présidée par le maréchal Randon, ancien gouverneur général de l'Algérie, et avait pour rapporteur M. Armand Béhic, ancien ministre. Le rapport de M. Béhic, qui est un modèle de précision et de science administrative, est empreint aussi d'un très grand libéralisme. Il contient la plupart des réformes administratives et financières que l'Algérie réclame encore aujourd'hui. Au point de vue budgétaire, M. Béhic propose de diviser en deux parts les recettes et les dépenses de l'Algérie. L'État, conservant à sa charge les dépenses de gouvernement, de protection et de haute administration, percevra, en compensation, un certain nombre d'impôts. Toutes les autres dépenses incomberont à un budget du service local voté en Algérie par les représentants de l'Algérie; elles seront alimentées par des taxes consenties de la même manière et dont le pouvoir législatif se réservera seulement de consacrer le principe.

Les motifs qu'invoque M. Béhic, pour justifier son projet, méritent d'être cités, car ils se recommandent encore fortement aujourd'hui :

« On n'en est pas à constater, dit-il, ce que renferme d'efficace et de vivifiant l'intervention sérieuse des intéressés dans la conduite de leurs propres affaires.

« Il n'appartient qu'à l'intérêt personnel, mis directement en jeu, d'inspirer à l'administrateur, au degré nécessaire, de ces qualités également fécondes et qui se complètent l'une par l'autre, à savoir : l'esprit d'économie et l'esprit d'initiative; l'esprit d'économie qui conduit à rechercher avec ardeur et à retrancher sans hésitation toute dépense abusive ou seulement inutile; l'esprit d'initiative qui fait accepter sans regrets et rechercher même avec empressement toute dépense utile et tout sacrifice productif.

« Il n'est pas douteux que les besoins de l'Algérie ne soient mieux appréciés, plus largement et plus opportunément satisfaits par la libre volonté de ceux qui les ressentent que par un pouvoir éloigné, aux yeux de qui, si bienveillant qu'on le suppose, ces besoins ne s'imposent jamais avec toute leur intensité et toute leur urgence.

« Associer l'Algérie à la conduite de ses propres affaires aurait en tout cas l'avantage de l'initier aux difficultés que rencontre une administration trop légèrement accusée.

« On calmerait ainsi les impatiences exagérées et on fermerait la bouche à un grand nombre de réclamations plus passionnées que raisonnées. »

La chute de l'Empire empêcha le projet d'aboutir, et pendant longtemps il ne fut plus question de budget spécial. Ce n'est qu'en 1887, puis en 1892, que M. Tirman, gouverneur général, préconisa un nouveau projet de budget algérien dans le double but de faire participer l'Algérie à la plus-value de ses recettes, et de lui constituer des ressources pouvant gager un emprunt.

Nous avons vu déjà comment le projet Tirman fut peu favorablement accueilli au Sénat. M. Burdeau, malheureusement, le combattit aussi à la tribune de la Chambre et, par sa grande autorité, retarda de plusieurs années l'adoption d'une réforme qui semble n'avoir plus aujourd'hui que des partisans.

Le budget spécial, disait M. Burdeau, aurait l'inconvénient de porter atteinte à l'unité budgétaire si péniblement obtenue ; mais, pouvons-nous répondre, n'existe-t-il pas déjà, à côté du budget général, des budgets coloniaux simplement subventionnés par lui ; et quelle nécessité y a-t-il de comprendre dans un même total deux groupes de dépenses alimentés par des ressources de provenance différente?

Le budget, ajoutait-il encore, ne saurait être réel, puisqu'il est impossible d'en obtenir l'équilibre. La situation n'est plus la même aujourd'hui et nous démontrerons que, à la condition d'instituer un compte spécial pour les dépenses de garanties d'intérêts, il est facile d'établir dès maintenant un budget algérien bénéficiant d'un excédent de recettes.

Il faudrait aussi, disait M. Burdeau, que l'Algérie, dotée d'un budget spécial, entrât en compte avec la France et la remboursât de ses sacrifices passés; il y aurait entre elles un règlement de comptes, comme de clerc à maître, et cette situation serait de nature à faire naître des difficultés et des froissements perpétuels. Effectivement, dans le projet de budget spécial qui avait été préparé pour 1892, et auquel faisait allusion M. Burdeau, l'Algérie devait entrer en compte avec la France et la rembourser de ses sacrifices passés par un prélèvement sur les plus-values de l'avenir. Mais, n'avons-nous pas démontré que ce n'est pas sous forme d'excédent de revenu versé au Trésor métropolitain, mais sous bien d'autres formes indirectes, qu'une colonie aussi riche que l'Algérie rend largement à la métropole tout ce qu'elle lui a coûté. La France a voulu fonder une grande colonie; elle doit, quoi qu'il arrive, remplir envers elle, jusqu'au bout, tout son devoir et lui donner, sans arrière-pensée, les moyens de grandir et de prospérer.

Mais voici l'objection la plus grave qu'ait formulée M. Burdeau contre le budget spécial: « En dotant l'Algérie de finances autonomes, disait-il, on l'achemine vers une autonomie plus complète. » Voilà de bien grands mots à propos d'une réforme financière dont les conséquences économiques seront, sans doute, considérables, mais qui, examinée en elle-même, est des plus simples. En quoi le budget spécial pourra-t-il provoquer le relâchement du lien qui unit l'Algérie à la France? Comment et sur quel point l'Algérie sera-t-elle moins soumise à la France et à son Parlement, lorsque ses revenus et ses dépenses figureront dans un même budget et qu'elle pourra disposer de ses excédents de recettes, s'il y en a? Les colonies anglaises, qui jouissent d'une très grande autonomie, ne songent guère pourtant à se séparer de la mère patrie: c'est parce que, grâce à la politique suivie à leur égard par l'Angleterre, la séparation serait pour elles une mauvaise affaire. Faisons en sorte qu'il en soit de même entre l'Algérie et la France (situation qui existe déjà, puisque l'Algérie privée du secours de notre armée serait à la merci d'un soulèvement indigène), et nous n'aurons rien à redouter de l'avenir. Mais il est une autre sauvegarde plus sûre contre tout danger de séparatisme; celle-là réside au cœur même des Français d'Algérie, dont le patriotisme éprouvé, l'ardent attachement à nos institutions républicaines, sont plutôt surexcités par le contact quotidien des étrangers et des indigènes.

Que d'avantages à opposer, et nous les avons exposés déjà, à des objections si discutables! M. Burdeau reconnaissait lui-même que l'autonomie budgétaire intéresserait l'Algérie à faire des économies et surtout l'obligerait à tirer un meilleur parti de ses dépenses, en la mettant à même de trouver les ressources indispensables pour y subvenir; il convenait aussi que, en ayant soin d'aménager le budget spécial de manière à faire profiter l'Algérie, en tout ou en partie, des économies qu'elle pourrait obtenir, il lui serait possible de gager des emprunts. Or, cet argument n'est-il pas capital pour tous ceux qui reconnaissent avec les représentants de l'Algérie qu'un emprunt est la condition essentielle de sa prospérité, entravée par l'insuffisance de son outillage économique ?

A un point de vue plus élevé, ne peut-on soutenir que lorsqu'une colonie est parvenue, comme l'Algérie, à un degré élevé de force, de maturité et d'éducation économique, c'est un devoir pour la métropole de l'habituer à compter sur elle-même. Or, pour qu'il en puisse être ainsi, il est nécessaire de l'appeler, non plus seulement à voter l'impôt, mais encore à en faire l'application et — suivant le mot de M. Waldeck-Rousseau, président du Conseil[1] — à apprendre la science du placement de ses impôts.

Mais la cause de l'autonomie financière algérienne semble aujourd'hui gagnée, et le principe même du budget spécial est presque universellement admis. Faut-il rappeler que depuis M. Tirman, ses successeurs, MM. Cambon et Lépine, ont sollicité avec une persévérance énergique l'établissement du nouveau régime financier ; que le gouverneur général actuel, M. Laferrière, a considéré comme la plus essentielle des réformes l'établissement du budget spécial et qu'il a soumis aux délégations financières et au conseil supérieur un projet de budget spécial qui a donné lieu aux plus intéressants débats ? Le gouverneur général était du reste encouragé dans cette voie par son chef immédiat, le ministre de l'intérieur, et il convient de signaler que, depuis 1896, les différents ministres de l'intérieur, MM. Barthou, Brisson, Dupuy, Waldeck-Rousseau, ont affirmé tour à tour la nécessité du budget

1. Chambre des députés, séance du 19 mars 1900.

spécial. « J'estime, a dit M. Barthou [1], qu'il est nécessaire de donner à l'Algérie son budget ; cela est nécessaire au double point de vue financier et politique : au point de vue financier, parce qu'il faut intéresser l'Algérie à la gestion de ses propres affaires, aux excédents de recettes dont elle bénéficiera, aux diminutions de dépenses, aux économies dont elle pourra profiter ; au point de vue politique, parce que je pense qu'il ne faut pas continuer à traiter l'Algérie comme un mineur incapable de diriger lui-même ses affaires. J'estime qu'il faut faire confiance à l'Algérie, qu'il y a là-bas des bonnes volontés, des dévouements et des compétences qui ne demandent qu'à s'exercer pour le plus grand bien de l'Algérie.... Et, je le dis très nettement, si avec ce budget spécial vous ne donnez pas à l'Algérie la possibilité de contracter des emprunts, vous ferez une œuvre vaine, en quelque sorte une œuvre morte. »

N'oublions pas enfin qu'une des plus hautes autorités financières de ce pays, M. le Procureur général à la Cour des comptes Renaud, s'est, dans un discours prononcé en audience solennelle de rentrée, déclaré partisan pour l'Algérie d'une certaine autonomie financière.

On est tenté de s'étonner, en présence de tant de bonnes volontés, qu'une solution ne soit pas encore intervenue ; c'est que la question présente, dans les détails de son application, des difficultés sérieuses. D'accord sur le principe, on l'est moins sur la forme ; la preuve en est dans le nombre relativement élevé des différents projets de budget spécial qui ont vu le jour depuis les décrets de 1898.

1. Discours prononcé à la Chambre des députés le 15 mai 1899.

Dans son rapport au Président de la République, du 21 août 1898, l'honorable M. Brisson, président du Conseil, s'exprimait ainsi : « Le budget de l'Algérie a toujours été un budget d'État. Nul ne pourrait admettre qu'il cessât de l'être pour tout ce qui concerne les dépenses de souveraineté, c'est-à-dire celles qui ont trait à la direction politique de la colonie, à sa défense sur terre et sur mer, et aux autres grands services publics qui assurent le respect du droit national et l'autorité de la justice.

« Mais de bons esprits ont pensé qu'en dehors de ce budget de souveraineté, il pourrait y avoir place, en Algérie, pour un budget spécial, analogue aux budgets coloniaux, s'alimentant au moyen de ressources dont la métropole abandonnerait la disposition à notre France algérienne. »

C'est d'après ces indications que M. Laferrière, gouverneur général, prépara et, dès novembre 1898, soumit aux délégations financières un projet de budget spécial divisé en deux parties égales. La première partie, qui devait rester à la charge de la métropole, comprenait :

L'administration civile et militaire ;

La police ;

La justice française et les cultes français ;

L'instruction publique et les beaux-arts ;

Le personnel des travaux publics et les services pénitentiaires.

La seconde partie, qui formait le budget spécial algérien, renfermait :

La colonisation ;

L'agriculture ;

Les forêts ;

Les postes et télégraphes ;

Les travaux publics (sauf le personnel);

La topographie;

L'assistance publique;

L'instruction publique indigène;

Le culte musulman;

La justice musulmane.

Les recettes auraient été partagées par moitié, une part devant être versée au budget métropolitain et l'autre laissée à la colonie. Les excédents afférents à cette dernière part, au lieu de faire, comme aujourd'hui, retour au Trésor, auraient constitué un fonds de réserve et éventuellement un fonds d'amortissement d'emprunt.

Ce système, après de longues et intéressantes discussions, a été finalement adopté dans son ensemble par les délégations financières, puis il a été soumis, en janvier 1899, au conseil supérieur.

M. Casanova, chargé, au nom de la seconde commission, de rédiger un rapport sur cette question de budget spécial, fit subir quelques modifications au projet primitif. Il classa :

1° Dans les dépenses métropolitaines :

Les dépenses des services financiers de la Trésorerie et des douanes;

Celles de l'administration centrale, déduction faite de l'assistance publique;

Celles de l'instruction publique et des beaux-arts, déduction faite des services musulmans;

Celles des cultes, avec déduction du culte musulman;

Celles de la justice, sauf la justice musulmane;

2° Dans les dépenses algériennes :

Celles des services algériens, corps constitués, colonisation, agriculture, travaux publics, topographie, assistance publique, postes et télégraphes, commerce et industrie et forêts ;

Celles des services financiers, des contributions directes et diverses, de l'enregistrement et des domaines;

Enfin, celles des services indigènes, instruction publique, justice, cultes.

Le premier groupe figure au budget pour 17,420,400 fr., soit un tiers environ du total des dépenses; le second pour 33,508,278 fr., soit environ les deux tiers.

Les recettes, s'élevant à 54,300,000 fr., sont également partagées en deux parties : un tiers, c'est-à-dire 18 millions, est affecté aux dépenses mises à la charge de la métropole. L'autre portion, surplus des recettes disponibles, est affectée à l'Algérie.

Avec l'excédent (3,300,000 fr.) de ses recettes, l'Algérie pourra gager un emprunt de 80 millions.

Elle deviendra personne morale et civile ; elle aura la faculté de se créer un domaine propre, d'aliéner, d'acheter.

Au moment de la discussion, M. Laferrière insista sur les quelques points différenciant ce projet de celui adopté par les délégations financières. Le premier était basé sur le partage par moitié des recettes entre l'Algérie et la métropole. Les accroissements de recettes de toutes provenances devaient être partagés. C'était un contrat synallagmatique.

Après une longue discussion, M. Casanova, pour se rapprocher du vœu émis par les délégations financières, modifia ainsi ses conclusions :

Dès l'année 1900, l'Algérie sera dotée d'un budget spécial. Les recettes seront partagées en deux parties : moitié, c'est-à-dire 25 millions, sera affectée aux dépenses métropolitaines.

Seront partagées dans la même proportion que les recettes pour l'exercice 1900 :

1° Les plus ou moins-values de recettes qui pourront apparaître en fin d'exercice sur les prévisions budgétaires;

2° Les plus ou moins-values de recettes qui ressortiront aux prévisions des exercices suivants sur l'année 1900.

Cependant, la métropole, dans un sentiment de haute bienveillance, sera priée d'abandonner pendant dix ans, à l'Algérie, sa part dans les excédents susindiqués.

La part de la métropole dans les recettes algériennes serait ainsi arrêtée pour dix ans à la moitié des recettes prévues pour 1900, qui sont de 54,353,534 fr.

L'Algérie deviendra personne morale et civile.

Ces conclusions ont été adoptées par le conseil supérieur.

Le grand avantage d'un budget spécial ainsi conçu, c'est de donner, du premier coup, à l'Algérie, une situation très en équilibre; mais, inconvénient non moins grand, la métropole reste définitivement dotée de tous les déficits, et il est bon de remarquer à ce point de vue que dans le total des dépenses à partager ne sont nullement comprises, ni les dépenses de garanties d'intérêts, ni l'annuité à la compagnie Paris-Lyon-Méditerranée, ni même les dépenses de la gendarmerie et celles des pensions civiles. Il n'est pas admissible que la France accepte des conditions semblables. Et puis n'est-il pas évident que la division en deux budgets distincts, la scission plus ou moins logique opérée entre les recettes et les dépenses plus ou moins arbitrairement réparties entre chacun de ces budgets amènerait dans l'avenir de sérieuses complications?

Aussi n'y a-t-il pas lieu de s'étonner si M. le président du Conseil, en transmettant l'an dernier à M. le gouverneur général le projet de budget de l'Algérie, a formulé quelques réserves relativement à la combinaison que nous venons d'exposer.

« Il serait, à mon avis, préférable, dit-il, de se placer dans un autre ordre d'idées.

« Si vous voulez bien me le permettre, j'esquisserai ici, dans ses grandes lignes, un autre projet qui, tout en différant profondément du précédent, ne serait pas moins, je crois, de nature à donner satisfaction, dans ce qu'elles ont de légitime, aux tendances des populations placées sous votre autorité.

« Comme aujourd'hui, le budget de l'Algérie resterait un. toutes les parties en seraient soumises au vote, non plus seulement à l'avis, des délégations et du Conseil supérieur.

« Mais, pour assurer l'exécution des services qui, à raison de leur objet, ne sauraient rester subordonnés en dernière analyse à la décision d'assemblées locales, tout ce qui se rattache à ces services revêtirait un caractère obligatoire et pourrait être inscrit d'office au budget par le Gouvernement. Une subvention de la métropole couvrirait le déficit que laisserait subsister l'application aux dépenses de l'Algérie du produit de tous les impôts qui y sont perçus. Les représentants de la colonie seraient d'ailleurs admis à créer, sous certaines conditions, des taxes locales. Enfin, l'ensemble des recettes et des dépenses de notre possession africaine serait présenté, chaque année, à l'homologation de la Chambre des députés et du Sénat.

« Mais, avant de pousser plus loin l'élaboration d'un projet conçu dans ce sens, je considère comme indispensable d'avoir l'opinion des grands corps élus de l'Algérie sur les principes qu'il met en jeu. »

Conformément à cette invitation, les délégations financières algériennes ont examiné à nouveau dans leur session de 1899 la question du budget algérien.

M. Aymes, chargé par la délégation des colons de la rédaction du rapport sur le budget spécial, conclut ainsi :

Le système du budget dit intégral n'est admissible que sous les réserves suivantes :

1° Qu'il soit consenti aux assemblées algériennes un droit de décision ferme sur toutes les dépenses facultatives;

2° Qu'il soit entendu que le produit de tout impôt ou taxe nouvelle profitera à l'Algérie seule;

3° Enfin, que toutes les plus-values soient acquises à notre colonie.

Quant au budget restreint, ajoute M. Aymes, on peut lui reprocher de manquer à la loi fondamentale qui semble chère aux financiers officiels, l'unité budgétaire. Ensuite, ce partage par moitié des recettes et des dépenses paraît arbitraire et ne satisfait pas l'esprit. Enfin, on est fondé à se demander quelle est la partie de ce budget tranché en deux, métropolitaine ou coloniale, qui devra — devant l'insuffisance des recettes constatée dès le début — supporter le déficit.

Et M. Aymes propose un troisième système qui se peut résumer ainsi :

La métropole conservera à sa charge les dépenses de souveraineté s'élevant à 18 millions avec, pour y faire face, les douanes, dont le produit s'élève à 13 millions.

L'Algérie, avec des recettes s'élevant à 41 millions, aura à faire face à des dépenses ne s'élevant qu'à 36 millions.

Ce système, dit M. Aymes, par l'établissement d'un budget algérien nous donne la liberté de nos services intérieurs; par l'apport de la France, sous forme de contribution à l'entretien de ses propres services et non sous forme de subvention, il nous met à l'abri des aléas d'un vote parlementaire ; par le caractère dévolu aux douanes, il resserre le lien qui doit unir la colonie à la métropole ; par l'attribution de ce revenu, il intéresse la France au développement de l'Algérie, et lui assure une part de nos bénéfices futurs.

La délégation a eu la sagesse d'écarter ce système qui, certes, avait peu de chances d'être bien accueilli en France ; après échange d'observations, c'est l'amendement suivant de M. Corps qui a obtenu la priorité et a été adopté :

« La Délégation,

« Tout en recommandant plus particulièrement le projet de budget dit « spécial », s'en remet à la sagesse des pouvoirs publics pour le choix à faire entre un budget « intégral » et un budget spécial proprement dit, à condition toutefois que le budget intégral soit complété de la façon suivante :

« 1° Reconnaissance à la colonie de son droit de décision sur les dépenses facultatives, avec faculté de comprendre dans ces dépenses toutes celles qui ont pour but de seconder le développement économique de la colonie ;

« 2° Affectation à ses besoins et à l'assiette de son crédit des taxes spéciales que les assemblées algériennes seraient admises à voter ;

« 3° Affectation des excédents de recettes à la constitution d'un fonds de réserve destiné à pourvoir à des besoins urgents ou à fortifier le crédit de l'Algérie. »

A la délégation financière des non-colons, M. Dessoliers, chargé du rapport, présenta des conclusions beaucoup plus radicales. En voici le résumé :

« La deuxième délégation financière, consultée au sujet

de la nouvelle organisation budgétaire à accorder à l'Algérie,

« Émet l'avis :

« 1° Que l'émancipation budgétaire de la colonie soit proclamée sans nouveaux retards par la loi de finances de l'exercice 1901, et que la réforme administrative accompagnant la réforme budgétaire, tous les services soient centralisés auprès du gouverneur général, afin qu'à un budget algérien corresponde, comme il est nécessaire et logique, un ministère algérien ;

« 2° Que le budget des dépenses ne comprenne que les dépenses civiles, sans contingent d'aucune sorte à fournir pour les dépenses militaires ou de la marine ;

« 3° Qu'une subvention équivalente à l'annuité du premier emprunt de 100 millions qu'elle aura à contracter, lui soit allouée par la métropole, afin que, sans crainte de mécomptes, elle puisse assurer le parfait équilibre de son budget et que ce premier emprunt soit garanti ;

« 4° Que les excédents de recettes soient acquis à l'Algérie, sans partage avec la métropole, de manière à former une caisse de réserve comme en possèdent toutes les autres colonies ;

« 5° Que la distinction en dépenses obligatoires et facultatives, telle qu'elle est prévue dans le projet esquissé par M. le président du Conseil, ne soit pas maintenue ;

« 6° Qu'une commission coloniale soit instituée sur place, chargée de surveiller l'exécution du budget algérien. »

Après délibération, les paragraphes 1, 2, 3, 4 et 6 de ces conclusions sont adoptés par la délégation et le paragraphe 5 est rejeté.

Mais à la réunion plénière des délégations c'est le projet admis par les colons qui triomphe et l'amendement de M. Corps, tel que nous l'avons rapporté, est adopté.

On est tenté de s'étonner de cette préférence accordée au budget restreint par les représentants élus de l'Algérie. M. le procureur général Renaud, dans son discours déjà cité, l'explique ainsi :

« Mais ce qu'il y a de piquant, et ce qu'on ne peut s'empêcher de faire remarquer, c'est que le budget spécial, budget restreint, est celui qui favorisera le plus l'émancipation financière algérienne, tandis que le budget intégral maintiendra en grande partie la tutelle administrative.

« En effet, avec le système du budget restreint, l'Algérie, maîtresse de tous ses services coloniaux, d'une moitié des recettes totales et en outre du produit des taxes qu'elle pourrait s'imposer pour ses services propres, jouit et bénéficie de la progression de ses recettes et s'associe ainsi à sa prospérité économique. Dans le système du budget intégral avec subvention métropolitaine pour couvrir le déficit, toutes les augmentations de recettes sont acquises au Trésor et diminuent d'autant sa subvention ; de telle sorte que la métropole, maîtresse du chiffre de la subvention, devient en même temps maîtresse, au moins indirectement, des dépenses algériennes. La colonie n'a plus autant d'intérêt à créer des taxes nouvelles qui pourraient n'être ainsi qu'un mode de réduction de la subvention. »

La portée de ces observations, fort justes en elles-mêmes, s'affaiblit singulièrement si, au lieu d'imposer dès le début à l'Algérie des dépenses considérables surpassant de beaucoup le chiffre de ses recettes, on peut arriver, par la création d'un compte spécial pour les garanties d'intérêts, ce qu'on n'osait espérer il y a un an, et ce qui semble admis aujourd'hui, à la doter, dès 1901, d'un budget s'équilibrant avec ses propres ressources.

Examinons donc le chemin parcouru pendant ces derniers mois par la question du budget spécial. Elle a été naturellement soumise, après la session des délégations financières, aux délibérations du conseil supérieur du gouvernement et M. le gouverneur général, dans le discours qu'il a prononcé à la séance d'ouverture du 11 décembre 1899, a abordé ainsi le sujet :

« Je crois devoir mettre dès à présent sous vos yeux une note émanée de M. le ministre des finances et qui figure en tête du budget des dépenses de l'Algérie pour l'exercice 1900. Cette note est ainsi conçue :

« Pour satisfaire à un vœu souvent renouvelé devant le Parlement, le Gouvernement avait conçu le dessein d'incorporer au projet de la loi de finances pour l'exercice 1900, une disposition étendant les prérogatives financières de la colonie. Toutefois, en présence, d'une part, de l'importance de la réforme à effectuer et des difficultés qu'elle soulève et, d'autre part, de la nécessité de faire aboutir rapidement le vote du budget de 1900, il a paru préférable d'ajourner cette mesure à raison des discussions approfondies et étendues qu'elle comporte. »

C'était inviter le conseil à une nouvelle étude des différents projets ; une commission des services financiers prise dans son sein en fut spécialement chargée ; elle adopta, sur le rapport de M. Casanova, un projet de budget qui est en grande partie la reproduction du projet présenté par M. Aymes aux délégations financières. Dans ce budget scindé « sans dotation », on laisse à la métropole le produit des douanes, soit 13 millions de recettes, pour faire face à 18 millions de dépenses. En somme, il y a là une dotation déguisée.

Un contre-projet, divisé en deux parties, fut présenté par M. Vinci à l'approbation du conseil supérieur; il mérite d'être cité, car il préconise à la fois la réforme financière et la réforme administrative.

A. — *Budget unifié avec subvention.*

« Le Conseil supérieur émet l'avis :

« Que le régime financier de l'Algérie soit modifié dans le plus bref délai possible, conformément aux dispositions suivantes :

« 1° Toutes les dépenses civiles et de gendarmerie seront supportées, en principe, par le budget de la colonie, sauf les dépenses pour garanties d'intérêts des chemins de fer qui demeureront à la charge de l'État ;

« 2° Il ne sera fourni par le budget algérien de contingent d'aucune sorte pour les dépenses militaires ou de la marine ;

« 3° Des subventions seront accordées à la colonie sur le budget de l'État dans la mesure nécessaire à l'équilibre du budget algérien ;

« 4° Les excédents de recettes, — le jour où ce dernier budget n'aura plus besoin de subvention, — seront acquis à l'Algérie sans partage avec la métropole, de manière à former une caisse de réserve comme en possèdent toutes les autres colonies ;

5° Les dépenses inscrites au budget de la colonie seront divisées en dépenses obligatoires et dépenses facultatives. La nomenclature et le maximum des dépenses obligatoires sont fixés par décret, en Conseil d'État, dans la limite

maximum. Le montant des dépenses obligatoires sera fixé, s'il y a lieu, par le ministre compétent. »

B. — *Décentralisation administrative.*

« Le Conseil supérieur émet l'avis :

« 1° Que, la réforme administrative accompagnant la réforme budgétaire, tous les services soient centralisés auprès du gouverneur général, afin qu'à un budget algérien corresponde, comme il est nécessaire et logique, un ministère algérien ou tout au moins un secrétariat d'État algérien;

« 2° Que les délégations financières et le conseil supérieur votent le budget algérien sous réserve de l'homologation des Chambres;

« 3° Qu'une commission coloniale permanente, émanant des délégations financières et du conseil supérieur, soit constituée sur place avec mission de surveiller l'exécution du budget algérien. »

Le conseil supérieur n'a pas eu à se prononcer formellement entre les deux systèmes. Apprenant qu'une proposition, tendant à ce que la loi de finances de l'exercice 1900 décide qu'à partir du 1er janvier 1901 l'Algérie soit dotée d'un budget spécial, venait d'être déposée sur le bureau de la Chambre des députés par M. Le Moigne et plusieurs de ses collègues, il n'a rien voulu préjuger de la question. Il s'est contenté d'adopter la proposition suivante déposée par M. le secrétaire général du gouvernement :

« Le Conseil supérieur,

« Vu les conclusions de la commission des finances;

« Vu les différentes formes de budget algérien énumérées dans le rapport de ladite commission;

« Vu le rapport de M. Le Moigne, député, sur le budget de l'Algérie pour l'exercice 1900 ;

« Vu la proposition déposée par MM. Le Moigne, Barthou, Étienne et Thomson, tendant à ce que la loi de finances de l'exercice 1900 décide qu'à partir du 1er janvier 1901 l'Algérie soit dotée d'un budget spécial ;

« Considérant que cette proposition de loi, par son importance et par les effets immédiats qu'elle est susceptible de produire, s'impose avant tout à l'attention du conseil supérieur, qui ne peut que manifester sa plus entière adhésion à cette décision de principe et en remercier les auteurs ;

« Prenant au surplus en considération tant le système budgétaire énoncé dans ladite proposition que celui adopté par les délégations financières et celui qui est proposé par la commission des finances du conseil supérieur ;

« Émet le vœu :

« Que l'addition proposée à la loi de finances de 1900 soit acceptée par le Gouvernement et adoptée par le pouvoir législatif, et que le Gouvernement veuille bien s'inspirer, pour y donner suite et la compléter au besoin, des vues énoncées dans les propositions et délibérations ci-dessus visées. »

Ce vœu du conseil supérieur vient d'être en partie réalisé. Le 19 mars dernier, en effet, deux dispositions additionnelles à la loi de finances sont venues en discussion devant la Chambre des députés. La première, présentée par MM. Étienne, Thomson, Barthou, Le Moigne, et dont nous avons déjà parlé, est ainsi conçue :

« Le régime financier de l'Algérie est modifié à partir du 1er janvier 1901, conformément aux dispositions suivantes :

« I. Toutes les dépenses civiles et de gendarmerie sont

supportées en principe par le budget de la colonie, sauf les dépenses pour la garantie d'intérêt des chemins de fer qui demeurent à la charge de l'État.

« Des subventions peuvent être accordées à la colonie sur le budget de l'État.

« II. Les dépenses inscrites au budget de la colonie sont divisées en dépenses obligatoires et en dépenses facultatives. La nomenclature et le maximum des dépenses obligatoires sont fixés par décret en Conseil d'État.

« Dans la limite du maximum, le montant des dépenses obligatoires est fixé, s'il y a lieu, par le ministre compétent.

« III. Les délégations financières et le conseil supérieur de l'Algérie délibèrent sur le budget des dépenses.

« IV. Ils délibèrent également sur le mode d'assiette et les règles de perception des contributions et taxes autres que les droits de douane qui restent soumis aux dispositions de la loi du 11 janvier 1892.

« Ces délibérations sont approuvées par décrets en Conseil d'État.

« V. L'ensemble du budget des dépenses et des recettes est soumis à l'homologation des Chambres. »

Cette proposition reproduit, sinon dans son texte, du moins dans son esprit, l'article 65 de la loi de finances qui a modifié le régime financier des colonies.

Cet article stipule que désormais il n'y aura plus qu'un budget unique pour chacune de nos possessions et que toutes les dépenses civiles et de gendarmerie seront supportées exclusivement par les colonies elles-mêmes, à charge toutefois par la métropole d'accorder des subventions à celles de nos colonies dont les recettes seront insuffisantes pour équilibrer les dépenses.

C'est donc, somme toute, le droit commun qui est réclamé par l'Algérie.

La seconde disposition additionnelle est signée de MM. Marchal, Morinaud, Drumont et Firmin Faure ; elle est ainsi conçue :

« Le régime financier de l'Algérie est modifié à partir du 1er janvier 1901, conformément aux dispositions suivantes :

« § 1er. Toutes les dépenses civiles et de la gendarmerie sont supportées en principe par le budget de la colonie, sauf les dépenses pour la garantie d'intérêts des chemins de fer qui demeurent à la charge de l'État.

« Des subventions peuvent être accordées à la colonie sur le budget de l'État.

« § 2. L'Algérie est déclarée personne morale et civile. Elle a la faculté de se constituer un domaine propre et des ressources, d'acquérir, d'aliéner, d'emprunter.

« § 3. Les dépenses inscrites au budget de la colonie sont divisées en dépenses obligatoires et en dépenses facultatives.

« La nomenclature des dépenses obligatoires sera, dans le cours de l'année 1900, fixée par décret en Conseil d'État. Le maximum en pourra être fixé tous les ans par la même autorité.

« Dans la limite du maximum, le montant des dépenses obligatoires est établi par le ministre compétent, et, s'il y a lieu, définitivement fixé par les Chambres.

« § 4. En attendant l'organisation d'un conseil colonial muni de pouvoirs de contrôle, les délégations financières et le conseil supérieur délibèrent sur le budget des dépenses et sur celui des recettes.

« Ils délibèrent également sur l'établissement, le mode

d'assiette et de perception des contributions et taxes autres que les droits de douane qui restent soumis aux dispositions de la loi du 11 janvier 1892.

« Ces délibérations sont approuvées par des décrets en Conseil d'État.

« § 5. L'ensemble du budget des dépenses et des recettes est soumis à l'homologation des Chambres.

« § 6. Les excédents de recettes seront acquis à l'Algérie. Ils serviront soit à garantir les emprunts, soit à former une caisse de réserve en vue de pourvoir à l'insuffisance éventuelle des recettes ultérieures, soit à rembourser à l'État les avances qu'il aurait faites au budget colonial. »

Comme on le voit, les deux propositions tendent sensiblement au même but, mais elles diffèrent sur deux points, dont le second au moins est essentiel. MM. Marchal, Morinaud, Drumont et Firmin Faure proposent que l'Algérie soit reconnue personne morale et civile ayant pouvoir de contracter ; ce qui, disent-ils — dans l'esprit de notre législation, — ne peut être admis par condition tacite ou implicite, mais doit résulter de la reconnaissance expresse des pouvoirs publics et d'une stipulation formelle de la loi. Il est facile de se mettre d'accord sur ce point. Mais ils n'acceptent que d'une façon toute provisoire que les pouvoirs de délibération sur le budget soient attribués à la décision combinée des conseils consultatifs actuels, et ce, en attendant la très urgente organisation[1], d'une assemblée munie de tous les pouvoirs

1. MM. Morinaud, Marchal, Drumont et Firmin Faure ont déposé le 28 mars 1899 une proposition de loi (nº 807) tendant à la création en Algérie d'un conseil colonial entièrement élu.

d'initiative, de décision et de contrôle, comme aux colonies.

Nous avons montré déjà combien était restreint le nombre des électeurs et combien faible la part leur incombant dans l'ensemble des charges fiscales. Nous ne saurions admettre, puisqu'ils ont des intérêts opposés à ceux des indigènes, qu'ils deviennent leurs tuteurs ; nous croyons nécessaire au contraire que les indigènes soient représentés au conseil supérieur par des tuteurs impartiaux et désintéressés pour que les électeurs français ne soient pas amenés à prendre, sans s'en douter, des mesures injustes; mais nous reconnaissons très volontiers qu'il serait possible de réduire encore le nombre des fonctionnaires siégeant au conseil supérieur. A notre avis, du reste, c'est aux délégations, qui sont recrutées à l'élection d'une façon qui inspire toute confiance, que doivent revenir les plus fortes prérogatives financières, le conseil supérieur devant être, en matière budgétaire, si l'on peut se permettre cette comparaison, un Sénat.

C'est sans doute à cause de cette question du corps électoral que le Gouvernement, par l'organe de M. le président du Conseil, s'est rallié de préférence à la proposition de MM. Le Moigne, Barthou, Étienne et Thomson; mais, faisant remarquer que l'amendement, malgré toute sa précision, ne pouvait fournir des bases assez solides et assez complètes pour servir d'assises au fonctionnement financier futur de l'Algérie, qu'il serait téméraire de résoudre cette question sous forme d'amendement à la loi de finances, il s'est déclaré prêt à saisir la Chambre, dans un bref délai, d'un projet de loi mûrement étudié et dans lequel seront tracées les lignes essentielles, le cadre des institutions financières algériennes.

MM. Étienne, Thomson, Barthou et Le Moigne, se rangeant à cette opinion, ont substitué à leur proposition additionnelle la motion suivante, qui a été adoptée par la Chambre à une très forte majorité :

« La Chambre invite le Gouvernement à déposer un projet de loi organisant le budget intégral de l'Algérie à partir de l'exercice 1901. »

Voilà donc l'Algérie à la veille d'obtenir enfin, grâce, pour une grande partie, nous nous plaisons à le reconnaître ici, à la persévérante énergie du rapporteur de son budget pendant ces deux dernières années, M. Le Moigne, l'autonomie budgétaire qu'elle sollicite depuis si longtemps.

Nous croyons que l'exercice 1901 présentera une situation extrêmement favorable à cette émancipation budgétaire de notre grande colonie.

Pour 1900, en effet, ainsi que nous l'avons déjà vu, le total des dépenses civiles algériennes (déduction faite des dépenses de l'Exposition universelle, et non compris le chiffre des garanties d'intérêts[1]) s'élève à. 50,782,824 fr.

Si l'on ajoute à ce chiffre :

Les dépenses de la gendarmerie	2,652,550
et celles des pensions civiles.	1,054,600
on obtient un total de dépenses de . . .	54,489,974 fr.

auxquelles sont appelés à faire face 55,918,711 fr. de recettes prévues.

1. Nous avons indiqué les raisons qui, ainsi du reste que la Chambre l'a admis, nous font désirer la création pour les garanties d'intérêts d'un compte spécial dont restera chargée la métropole. Nous croyons devoir ajouter que la France, ayant une grande part de responsabilité dans l'établissement défectueux des chemins de fer algériens, doit, à juste titre, en supporter les conséquences. Elle seule pourra, du reste, obtenir une modification des conventions passées avec les compagnies.

Le budget intégral, tel que nous le concevons, se serait donc chiffré en 1900 par un excédent de recettes de 1,428,737 fr.

Il est permis d'espérer pour l'année prochaine une situation plus favorable encore. Les résultats connus de l'exercice 1899 accusent, en effet, une plus-value de recettes d'environ 4 millions sur les prévisions budgétaires; or, ce sont ces chiffres qui serviront de base aux prévisions de recettes de l'exercice 1901. Ne peut-on compter, d'autre part, que l'Algérie, qui est, il faut bien le reconnaître, gérée chèrement, trouvera le moyen de restreindre, dès la première année, des dépenses un peu trop largement dotées. Ces deux causes concourront naturellement à accroître l'excédent disponible. Or, un premier emprunt de 100 millions, tel que nous l'avons reconnu nécessaire, exigera un service d'intérêts qui ne sera pas éloigné de 4 millions. L'excédent de recettes y sera en premier lieu affecté, et comme, d'autre part, les sommes consacrées aux travaux neufs (elles sont de 3,500,000 fr. en 1900) peuvent, sinon pour le tout, du moins en partie, servir à gager l'emprunt, il y a tout lieu de croire que l'Algérie pourra bientôt, et sans secours aucun de la métropole, réaliser son premier emprunt.

Ainsi, cette autonomie budgétaire, en faveur de laquelle nous avons apporté nos arguments et que nous admettons bien volontiers (telle était depuis deux ans notre thèse) sous la forme préconisée par MM. Le Moigne et Étienne, apparaît aujourd'hui bien susceptible de fonctionner comme un précieux instrument de progrès, hâtant l'achèvement de l'outillage économique du pays et contribuant ainsi d'une façon puissante à l'essor de ses forces productives.

Mais la grandeur du résultat dépendra surtout, il faut bien le dire, de la sagesse et de la prudence qu'apporteront les assemblées algériennes à manier l'instrument financier qui leur sera confié.

Or, l'éducation budgétaire d'un jeune peuple ne peut se faire en un jour, et la science est pour lui difficile du placement de ses impôts; aussi, nous ne saurions trop souhaiter que la plus grande prudence soit apportée dans la distinction des dépenses algériennes en dépenses obligatoires et dépenses facultatives.

Pour les dépenses relatives à la mise en valeur des richesses locales, tout le monde est d'accord : on peut s'en remettre sans crainte à l'initiative et à la décision d'assemblées locales où la représentation des divers intérêts opposés semble assez équitablement assurée.

Mais, dès qu'on sort des dépenses relatives à l'exploitation du pays et à la confection de son outillage économique, la question devient infiniment plus complexe et il est bien difficile, de prime abord tout au moins, de trouver un criterium.

En mettant à part le groupe facilement déterminable des dépenses de souveraineté, on est tenté de diviser ensuite les dépenses en deux parts : celles qui sont purement locales et celles qui n'ont pas ce caractère. Mais en admettant cette distinction, en donnant aux premières de ces dépenses le caractère facultatif, on s'expose à de graves mécomptes, car les dépenses locales algériennes comprennent avant tout les dépenses qui concernent les indigènes et ces dernières attestent et résument la mission de civilisation et de progrès dont la France a assumé la charge dans l'Afrique du Nord. A ce titre, le caractère local de ces dépenses s'efface vite devant les considérations d'ordre supérieur qui peuvent inspirer et dicter la politique française.

Reste donc comme unique criterium celui que peut fournir l'intérêt même de la France. Nous avons assez de confiance dans le patriotisme éclairé des pouvoirs publics pour être sûr qu'ils n'oublieront jamais que l'intérêt de la France c'est, en Algérie, l'intérêt de la haute et noble mission d'ordre, de civilisation et de progrès dont notre généreux pays a assumé la tâche.

C'est pourquoi nous nous réjouirons de grand cœur de voir la France inaugurer le xxe siècle en donnant à l'Algérie, qui en est digne, ce nouveau gage de sympathie, la liberté financière.

Vu :
Le Président de la thèse,
ESTOUBLON.

Vu :
Le Doyen,
GLASSON.

Vu et permis d'imprimer :
Le Vice-Recteur de l'Académie de Paris,
GRÉARD.

TABLE DES MATIÈRES

Pages.

INTRODUCTION I

CHAPITRE Ier. — Historique de la législation financière algérienne 5

Section I. — Période d'organisation (1830-1839). 6

Section II. — Budget général des services coloniaux (1839-1845) 10

Section III. — Budget local et municipal (1845-1858) . . 12

Section IV (1858-1870). — Budgets provinciaux. — Budgets municipaux. — Budget spécial des territoires non érigés en communes. — Ministère de l'Algérie (supprimé en 1861) 16

Section V (1870-1881). — Budgets départementaux. — Assimilation (1870-1871). — 6 mai 1871. — Rétablissement du budget du gouvernement général civil, annexe au budget du ministère de l'intérieur. 19

Section VI. — Les décrets de rattachements (1881) . . . 23

Section VII. — Les nouvelles tendances. — Projet d'un budget spécial en 1892. — Les derniers décrets 25

CHAPITRE II. — Statistique des budgets de l'Algérie 32

CHAPITRE III. — Le budget actuel civil 38

CHAPITRE IV. — Examen détaillé des dépenses 51

CHAPITRE V. — Examen détaillé des recettes 64

CHAPITRE VI. — Nécessité de l'emprunt 82

CONCLUSION. — Le budget spécial 88

Nancy, imprimerie Berger-Levrault et Cie.

www.ingramcontent.com/pod-product-compliance
Ingram Content Group UK Ltd.
Pitfield, Milton Keynes, MK11 3LW, UK
UKHW021058260726
13994UKWH00002B/581

9 782329 453293